お料理1年生の

ひとり暮らしごはんBOOK

はじめてのひとり暮らしで、
ごはんをつくるあなたへ

自炊をはじめた人に、
1人分だから少ない種類の材料でムダなく、
パパッと簡単なのにおいしくつくれて、
栄養のバランスもとれるレシピを考えました。

料理が楽しくなるポイントは3つ。

- **レシピを読んでしっかりと理解する**
- **はじめはレシピどおりにつくる**
- **1回目からうまくできる、わけがないことを知っておく**

この3つを心がけてキッチンに立てば
お料理1年生でもくじけず、ごはんづくりにいどめます。

この本には、朝から昼、夜ごはんまで115品を紹介しています。
新しいメニューに少しずつチャレンジしてみてください。
1〜2つ、これなら！という得意料理ができることを目ざしましょう。

ぼくもひとり暮らし、
お料理1年生。

パン（＝pan）くん

この本の
使い方

はじめてでも、料理のコツがひと目でわかる入門書です

材料

基本的に1人分です。

材料を用意しやすいように、一部のページでは材料を写真で紹介。野菜や肉の切り方が目と言葉で確認できます。

調理中のコツ

筋を切ることで、焼き縮みを防ぐ

注意したいコツ、おいしく仕上がるコツを理由とともに説明しています。

火かげん

例）

強火1分

中火2分／弱めの中火3分

中火2～3分
→止める

ガスを使う場合、主に強火、中火、弱火の3段階であらわしています。→ 8ページ
中火については一部、弱めの中火、中火、強めの中火とさらに3段階で表記しているものもあります。矢印は火かげんを変えるという意味です。

調理項目

例）

下ごしらえ／切る／炒める／焼く／蒸し焼きにする／煮る／仕上げる

調理のアクションの種類をわかりやすく、大きく表記しています。

調理器具

- フライパン
- なべ
- 電子レンジ
- オーブントースター
- 魚焼きグリル

調理時間

15分

「下ごしらえ」から「でき上がり」までにかかる時間です。ただし、下味をつける時間、もどす時間、休ませる時間、冷ます時間などは含まれていません。

カロリー

1人分 629 kcal

基本的に1人分です。レシピによっては個別に表記したものもあります。

料理 POINT

料理
POINT

調理を始める前に読んでください。失敗しない注意点やおいしく仕上げるポイントを説明しています。

タイミング

調理を続ける目安になるように、状態の表記に下線を入れています。

CONTENTS

chapter 1

最初に作りたい！

「超」基本おかず3

chapter 2

はじめてでもおいしい！

人気の定番レシピ9

chapter 3

材料で選ぶ！

ごちそうメインおかず27

chapter 4

種類別

野菜たっぷりのサブおかず28

chapter 5

1品でも満足！

ごはん・めんメニュー14

chapter 6

すぐ食べたい！

おすすめ朝ごはん11

この本の表記について

計量　大さじ1＝15mℓ、小さじ1＝5mℓ、1カップ＝200mℓが基準です。米の場合は1カップ＝180mℓ（1合）です。はかり方は44ページをごらんください。

＊目安量や勘に頼らず、計量スプーンとカップを使いましょう。必ず味をみて、足りなければ補う程度に必要な調味料を加えます。

野菜類　特に表記のない場合、洗う、皮をむく作業は省いたプロセスで説明しています。

材料　小麦粉は薄力粉、砂糖は上白糖、酒は日本酒のこと。「調味料」については20〜21ページをごらんください。

だし　固形スープ「½個」は顆粒スープのもと小さじ1で代用できます。

フライパン　原則としてフッ素樹脂加工のものを使用しています。

電子レンジ　加熱時間は600Wの場合の目安です。500Wの場合は1.2倍、700Wの場合は0.8倍にしてください。

ひとり暮らしごはんの基本：01

仕上げの決め手は「火かげん」です！

弱火

じっくりコトコトと煮込むときなどに使う。炎の先がなべの底とコンロの中間くらいの状態。コンロのつまみは¼〜⅓開いている程度が目安。さらに弱めると「とろ火」になる。

中火

調理の基本となる火かげんで、煮汁をフツフツと煮立たせる場合などに使う。炎の先がなべの底につくかつかないかくらいの状態。コンロのつまみは半開きほどが目安。

強火

炒めものや焼き目をつけるときに使う。炎の先がなべの底に当たり、炎が少し広がった状態。なべから炎がはみ出さない程度にするが、コンロのつまみはほぼ全開。

※表面が加工されているフライパンを使用する場合は、「強火」の指示でも「中火」で調理すること。

chapter 1

最初に作りたい！

「超」基本おかず3

ハンバーグ

焼き目が香ばしく
中はふっくら!

20分 1人分 409kcal

つけ合わせ
ミディトマト、グリーンカールがなければ、冷蔵庫に残っている生野菜を食べやすく切って添えて。

材料(1人分)

合いびき肉		100g
玉ねぎ		¼個(50g)
塩、こしょう		各少々
サラダ油		大さじ½
A	トマトケチャップ	大さじ1
	中濃ソース	大さじ1
	粒マスタード	小さじ2
グリーンカール		1枚
ミディトマト		1個

①

切る

玉ねぎはみじん切りにする。グリーンカールはひと口大 → 141ページ にちぎり、ミディトマトはへたをとって５㎜厚さに切る。

②

肉だねを作る

ボウルにひき肉、①の玉ねぎ、塩、こしょうを入れ、全体がなじむ程度にまぜる。

形よく焼き上げるために
中央をへこませる

③

成形する

ひとまとめに丸め、1.5～2㎝厚さに押しつぶして形づくり、中央を少しへこませる。

中火２～３分→
弱めの中火４～５分

④

焼く

フライパンを中火にかけてサラダ油をひき、③を入れる。２～３分焼いて火を少し弱め、縁の色が少し変わるまで４～５分焼き、上下を返す。

ふたをして中まで
しっかり火を通す

弱めの中火４～５分
→中火30秒

⑤

蒸し焼きにする

ふたをして４～５分焼いて中まで火を通し、ふたをとって中火にし、水分をとばす。①のグリーンカール、ミディトマトとともに器に盛り、Aをまぜ合わせてかける。

料理
POINT

肉だねの玉ねぎは炒めず、卵やパン粉も使わないから手軽に作れます。
中が生焼けにならないように、焼き時間はきちんと守りましょう。

オムライス

コクの強いベーコンで
うまみたっぷり

20分　1人分 778 kcal

ベーコン
ハムやウインナソーセージを1cm角に切って使ってもよい。

材料（1人分）

卵	1個
あたたかいごはん	150g
ベーコン（5㎜幅に切る）	1パック（60g）
玉ねぎ	¼個（50g）
マッシュルームの水煮（スライス）	50g
A　トマトケチャップ	大さじ3
A　塩、こしょう	各少々
塩、こしょう	各少々
オリーブ油	大さじ½
サラダ油	大さじ½
トマトケチャップ	適量

①

下ごしらえ

玉ねぎは1cm角に切る。マッシュルームは水けをきる。

中火3分

②

具を炒める

フライパンを中火にかけてオリーブ油をひき、ベーコン、①の玉ねぎ、マッシュルームを炒める。玉ねぎが透き通ったら、Aを加えて炒める。

具とごはんをへらでよくなじませる

中火2分

③

炒め合わせる

ごはんを加えてよく炒め合わせ、全体になじんだらいったんとり出す。フライパンを洗って乾かす。

中火30秒→止める

④

卵を焼く

フライパンを中火にかけてサラダ油をひく。卵をときほぐし、塩、こしょうを加えまぜて流し入れ、広げる。卵の縁が乾いたら火を止め、③をボート形にのせる。

卵ごとごはんをすべらせるようにする

⑤

包む

卵を両側からごはんにかぶせ、フライパンを傾けて皿に返すようにして移し、形をととのえる。ケチャップをかけ、あればパセリを添える。

料理 POINT

オムライスを皿に移したときに楕円形にならなかったら上にキッチンペーパーをかけて手で形をととのえても。

豚肉のしょうが焼き

ジャジャッと焼くだけで
人気おかずのでき上がり

15分　1人分 629kcal

ベビーリーフ
なければ、レタスやせん切りキャベツなど好みの生野菜で。

豚肉
しょうが焼き用は、ふつうのロース薄切り肉よりやや厚めで、サイズも大きめ。

材料（1人分）

豚ロース薄切り肉（しょうが焼き用）		4枚（200g）
A	しょうゆ	大さじ1
	砂糖	小さじ1
	おろししょうが	大さじ½
サラダ油		大さじ½
ベビーリーフ		⅓パック
ミディトマト		1個

①
切る

ミディトマトは縦半分に切り、へたをとる。

②
合わせる

小さめの容器でAをまぜ合わせる。

筋を切ることで焼き縮みを防ぐ

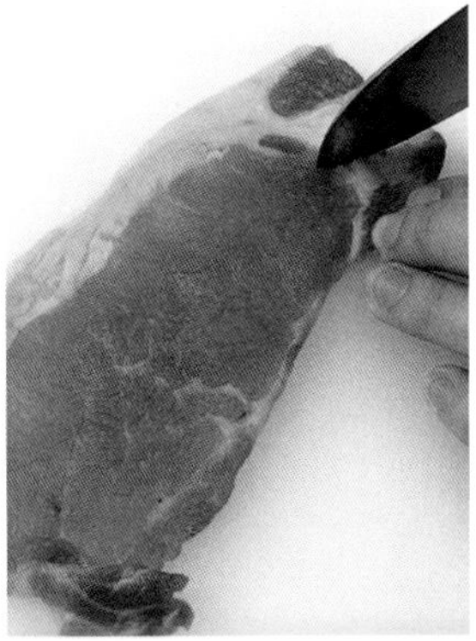

③
切る

豚肉は脂身と赤身の境目に包丁の刃先で1～2cm間隔の短い切り込みを入れる。

接している面がしっかり焼けたら返す。

中火3分

④
焼く

フライパンを中火にかけ、サラダ油をひいて熱し、③の豚肉を1枚ずつ広げ入れる。肉の縁が白くなってきたら、上下を返して焼く。

中火2分→止める

⑤
からめる

こんがりと焼けたら②を加えてからめ、火を止める。器に盛り、ベビーリーフと①のミディトマトを添える。

料理POINT
肉を何度も返すと熱の入りが悪くなり、形がくずれてしまいます。

そろえよう！〝必要最少限〟の調理道具と器

調理する

フライパン

直径 20 ～ 24cm

直径は20～24cmで
やや深さがあるものを

炒めものはもちろん、煮込みや揚げものなども作れるように、深さがあるものを選ぶこと。直径は20～24cmのものがベスト。蒸し煮などに必要なので、ガラス製のふたも用意して。

片手なべ

直径 20cm

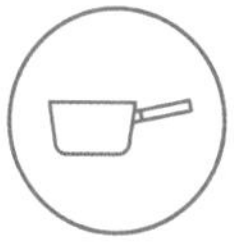

直径が20cmあれば
汁ものや煮ものに大活躍！

1人分の料理なら、直径20×高さ10cmほどのなべがあれば充分。使いやすい片手タイプがおすすめ。ステンレス製やほうろう製などはさびに強く、丈夫で長もちする。

オーブントースター＆電子レンジ

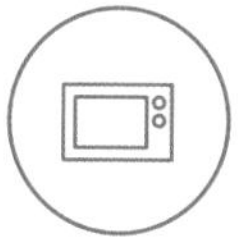

あたためや解凍だけでなく
トースター機能つきも

食材の加熱やそうざいなどのあたため、冷凍食品の解凍などができる電子レンジ。オーブン機能や、トーストやグラタンなどが作れるトースター機能がついたオーブンレンジタイプが便利。

炊飯器

3合炊きがベスト。
タイマーつきのものを

ごはんをおいしく炊く必需品。ひとり暮らし用には、2～3合炊きのサイズで充分。加熱方法でマイコン式とIH式に分かれますが、好みで選んで。タイマーつきなら、さらに便利。

はかる

計量スプーン

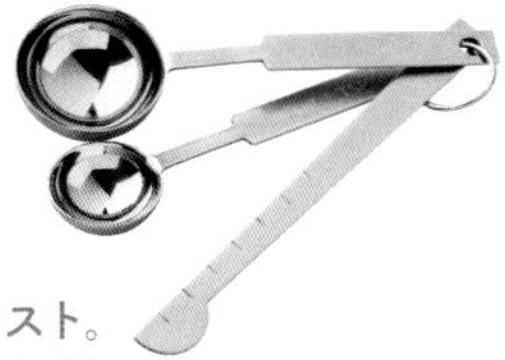

小さじと大さじはマスト。
すりきり用のへらも便利

小さじ＝5mℓ、大さじ＝15mℓの2本は必要。すりきり用のへらがついたセットを選べば、½杯などもきちんとはかることができる。ほかに、½の目盛りやさじがついたタイプもある。

計量カップ

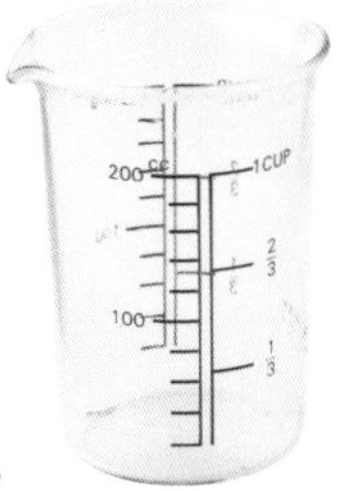

1カップ＝200mℓが基本。
耐熱ガラス製がおすすめ

液体などをはかるためのカップ。1カップは標準で200mℓをさします。米の計量カップは、1カップ180mℓなので要注意。熱湯を入れられて、電子レンジ使用もOKの耐熱ガラス製を選んで。

はかり

1g単位ではかれる
デジタル表示のものを

食材の重さをはかるための道具。重さの目盛りを針でさすアナログタイプもあるが、最小1gから正確にはかることができるデジタル表示のものがあると、ラクにはかれる。

キッチンタイマー

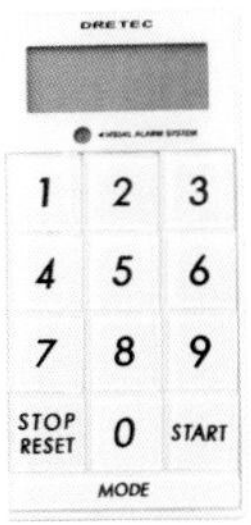

調理などにかかる時間を
はかって失敗防止

めん類のゆですぎや煮ものの煮すぎなどは、料理を台なしに。正確な時間で調理するためには、タイマーは必要。秒単位でセットでき、換気扇フードなどにつけられるマグネットつきが主流。

洗う・つける

ざる

直径19㎝・24㎝くらいの大小をそろえて

洗った野菜の水けやめん類の湯をきるなど、使う場面が多い道具。さびに強くて丈夫なステンレス製を。直径19㎝・24㎝くらいの大小2個があれば、調理もラク。

ボウル

電子レンジ調理もできる耐熱ガラス製を

ざると大きさをそろえると、ボウルにざるをセットした状態で使いやすく、収納もスマートに。電子レンジで加熱するときの容器にもなるので、耐熱ガラス製がおすすめ。

切る

包丁

持ち手がにぎりやすく、
刃渡りが15～18cmのものを

野菜、肉、魚介など、なんでも切ることができる万能タイプを。持ち手がしっかりしてにぎりやすいと、かたいものもスムーズに切れる。

まないた

樹脂製のものは洗いやすく、
扱いやすいのでおすすめ

ねぎや大根などの長い食材も切れるように、サイズは35×20cmくらいがおすすめ。汚れたら漂白して乾かしやすい樹脂製が扱いやすい。

キッチンばさみ

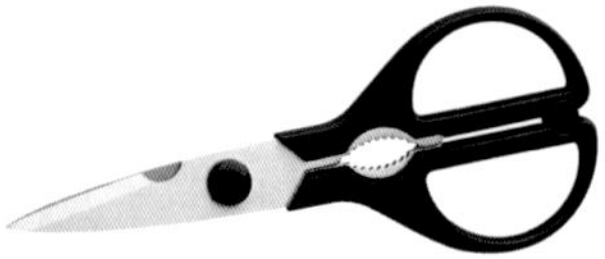

包丁のかわりにも。
食品専用を用意して

食品の袋はもちろん、焼きのりや青じそなどをさっと切りたいときに、包丁よりも手軽に使える。衛生面を考え、食品専用のはさみを使って。使用後は刃を洗って水けをふきとるように。

ピーラー&スライサー

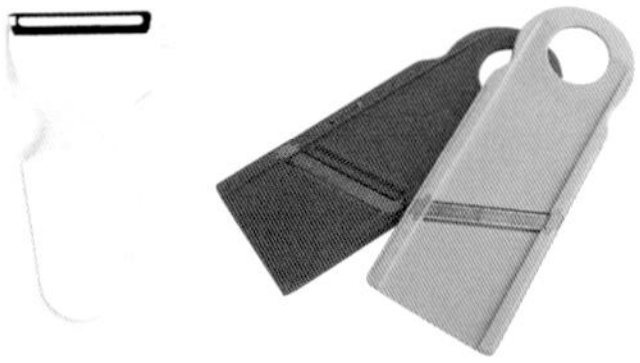

根菜などの皮むきや
せん切りや薄切りに

ピーラーはにんじんや大根などの根菜の皮むき、ごぼうのささがき、きゅうりの皮を縞目にむくのにも便利。スライサーはせん切りや薄切りに。

まぜる・返す・すくう

ゴムべら

コシがあってまぜやすい

卵液やごはんをまぜるときなどに使う、へら。耐熱ゴム製なら適度なコシがあり、なべ底をこそげたりするのにも便利。

菜箸

長さ違いで2組あると便利

長いほうは煮ものや揚げものに、短いほうはあえものや盛りつけなどに使いやすい長さ。2組あると調理がスムーズ。

フライ返し

肉や魚などを
返したいときに

ハンバーグや魚の切り身を焼く際、上下を返すときに。材料の下にフライ返しを入れてやや持ち上げ、クルッと返す。

玉じゃくし

汁をすくうときや
盛りつけなどに

汁をすくうとき、煮ものの具の盛りつけ、アクをとるときなどに使う。注ぎ口がついたタイプなど形もさまざま。

盛る

茶わん

少し大きめを選ぶと
小どんぶりやサラダボウルにも

茶わんは、実際に持ってみて手になじむかを確認して。大きめのサイズなら、朝食のスープや、小腹が減ったときのどんぶりやうどん、そばなど幅広く使える。直径12×高さ6.5cm

丸皿

縁に立ち上がりがあるお皿を
メインディッシュ用に用意して

つけ合わせといっしょに盛りつけたいおかずには、直径22～24cmの丸皿がおすすめ。縁に少し立ち上がりがあると、カレーなど汁けのあるものも安心して盛れる。直径23.5×高さ3cm

取り皿

同じデザインを何枚かそろえると
すっきりとした印象に

取り皿はメインのおかずを盛る丸皿と同じデザインのものでそろえると、食卓がすっきり見える。メインのおかずをとり分けたり、サラダやパンを盛ったりしても。直径17.5×高さ2.5cm

汁椀

見た目にも手にもやさしい
白木のお椀がおすすめ

表面に漆を塗装したお椀も出回っているが、白木の汁椀なら、みそ汁など和風だけでなく、スープなど洋風にも違和感なく使えるところが一番の魅力。直径11×高さ7cm

グラス

少し大きめの口径なら、
ドリンク用以外にも使いやすい

少し大きめの口径なら、グリーンサラダやスティック野菜、冷たいスープを入れてもOK。シンプルなデザインでスタッキングできるものを選べば、食器棚の中で場所をとらずにすむ。直径8×高さ8cm

マグカップ

コーヒーやティータイム用に
あたたかみある陶器を

お気に入りのコーヒーやお茶を楽しみたいときは、たっぷり入って持ちやすいマグカップがおすすめ。淡いパステルトーンだと、食卓にあたたかみがプラスされる。直径9×高さ7.5cm

カフェオレボウル

和洋中のジャンルを問わず、
なんにでも使えるすぐれもの

カフェオレやあたたかい飲みものを楽しむのはもちろん、大きめサイズなら、具だくさんのスープやラーメンにも。また、チョコやキャンディーを入れても楽しい。直径14×高さ8cm

角皿

大きめでたっぷり
盛りつけられるので活用範囲大

おかずとごはんをワンプレートで盛ったり、友人との持ち寄りパーティーで前菜を盛り合わせたりなど、使い方はいろいろ。スクエアな形が新鮮なので、食卓が華やかに。20.5×20.5×高さ1.5cm

味の決め手！「調味料」の基本

超基本の「さしすせそ」

主に和食について。基本の調味料を加える順番を、頭文字で覚えやすく語呂合わせしたもの。

さ

砂糖

使いがってのいい
上白糖が基本

サトウキビやテンサイからつくられるのが、砂糖。製法の違いで多くの種類があるが、この本での「砂糖」は上白糖をさす。好みで三温糖やきび砂糖を使ってもOK。

し

塩

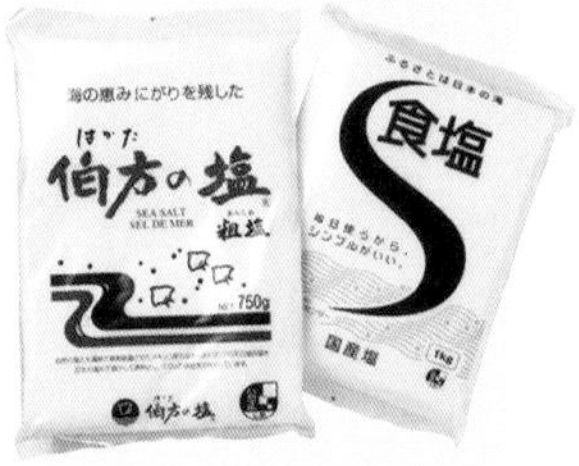

精製塩なら手軽。
風味のいいあら塩でも

塩は日本では海水からつくられる。食塩、精製塩は塩化ナトリウムの純度が99％以上のもの。一方、あら塩と呼ばれる、昔ながらの製法の塩はミネラル分を多く含み、うまみがある。

す

酢

メニューの味つけから
食材の下ごしらえまで

穀物酢や米酢が一般的で、米酢のほうが酸味がまろやか。味つけや、切ったれんこんやごぼうの変色防止、さばなどの魚をつけると殺菌・防腐の作用があり、下ごしらえにも活躍。

せ

しょうゆ・
薄口しょうゆ

いわゆる「しょうゆ」は
濃い口のこと

基本は、濃い口しょうゆ。鮮度が落ちやすいので、少量タイプを早めに使いきること。薄口しょうゆは色が薄いので、材料の色を生かしたいときに。塩分は少し多めなので量に注意。

そ

みそ

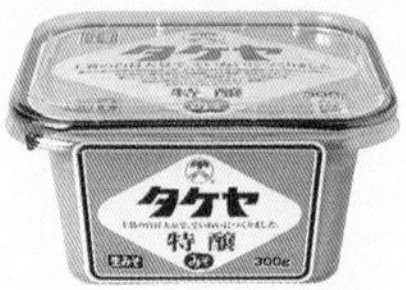

まず使うなら
淡色の中辛タイプを

産地や原料によって種類が分かれますが、この本では淡色の中辛タイプが基本。いろいろ試して好みの味を見つけて。カビたりしないように、開封したら密閉し、冷蔵で保存する。

そのほかそろえたい調味料など

酒

「料理酒」は塩かげんに注意して

レシピの「酒」は日本酒（清酒）のこと。風味づけや魚介のくさみ消し、肉をやわらかくする効果も。日本酒と効果は同じだが、塩分を含む場合が多く、味つけは塩やしょうゆの量をかげんする。

本みりん・みりん風調味料

アルコール分や塩分量をチェック

本みりんは蒸したもち米からつくる甘みの強い酒の一種で、アルコール分は約14%。みりん風調味料はアルコール分が１％未満で、うまみは落ちる。塩分を含むものを使う場合は、味つけを控えめに。

こしょう

黒と白を料理で使い分けて

黒こしょうは辛みと香りが強く、粉状とあらびきタイプが。肉や魚のソテーやいため物などに。白こしょうは辛みと香りが控えめで、クリーム煮など白く仕上げたい場合に使う。

食用油・バター

作りたい料理に合わせて常備

油の基本は、味やクセのないサラダ油。パスタやドレッシングなどに使うオリーブ油、風味が強く、中国料理などに使うごま油などが。バターは香ばしさやコクを出したいときに。

顆粒だし・固形スープ

市販の「もと」を上手に利用

料理に欠かせないだしやスープは、１人分単位ではなかなかとりにくいもの。顆粒などの和風だしや中華スープのもと、固形の洋風スープのもとなどを活用すれば、充分。

マヨネーズ

野菜に添えるだけで１品完成！

卵と酢にサラダ油をまぜたもの。生野菜に添えるだけでサラダになるが、カロリーが高めなので使いすぎに注意して。カロリーを半減したヘルシータイプを選ぶのもおすすめ。

トマトケチャップ

洋食の味つけが簡単にできる

完熟トマトを加熱して裏ごしし、砂糖と酢、スパイスを加えたもの。ハンバーグやオムレツのソース、パスタの味つけなど、洋食に幅広く使える。少量タイプを選んで冷蔵保存を。

ウスターソース

市販のフライなどもおいしく

トマトや玉ねぎ、にんじんなどの野菜とりんごやプルーンなどの果実のしぼり汁、煮出し汁などに、スパイスを加えてつくられる。市販のフライやコロッケにかけたり、料理の味つけに。

計量スプーン＆カップの正しいはかり方

計量スプーンで

大さじ1＝15mℓ　小さじ1＝5mℓ

粉類をはかる

大さじ1・小さじ1

山盛りにすくいとり、菜箸やへらを計量スプーンの縁に沿わせて平らにならし、すりきりの状態にして余分な分量を払い落とす。

大さじ½・小さじ½

大さじ1または小さじ1を正しくはかり、スプーンの柄などを半分量のところにさし込んで、余分な分量をとり除く。

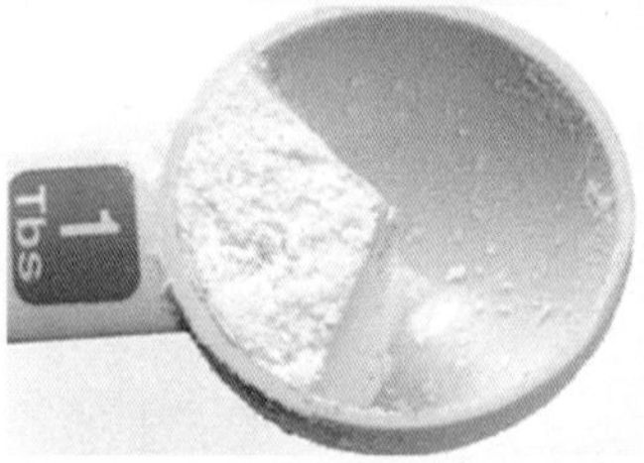

大さじ⅓・小さじ⅓

大さじ1または小さじ1を正しくはかり、スプーンの柄などで中心に向かって放射状に3等分し、1つを残して残りをとり除く。

液体をはかる

大さじ1・小さじ1

計量スプーンの縁ギリギリに液体を入れる。もう少しでこぼれそうなくらいに、きっちりと入れた状態にするのがポイント。

大さじ½・小さじ½

スプーンは底が丸いので、スプーンの半分の深さに入れるのではなく、⅔の深さまで入れると、ちょうど半分の量になる。

大さじ⅓・小さじ⅓

大さじ⅓は、小さじ1と同量。スプーンは底が丸いので、小さじ⅓は、スプーンの⅓の深さではなく、½の深さまで入れる。

計量カップで　1カップ＝200mℓ

粉類をはかる

1カップ

縁まで入って1カップのものは、すりきりに。1カップ以上はかれるものは、目盛りまでスプーンで入れ、押しつけずに表面を平らにならす。

液体をはかる

炊飯用カップは180mℓ（1合）なので要注意！

1カップ

水平なところにおき、縁まで入って1カップのものは縁ギリギリまで、1カップ以上のものは、目盛りを真横から見てはかるように。

指で

2本指で→少々

親指と人さし指でつまんだ量が「少々」の目安。こしょうなど容器から振るものは、3〜5回振るくらいの量。

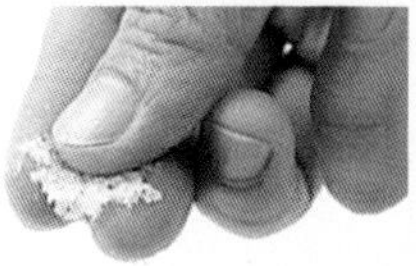

3本指で→ひとつまみ

親指と人さし指、中指でつまんだ量が「ひとつまみ」の目安。2本指でつまんだ「少々」よりは多めの分量になる。

目ではかる　よく使う野菜

10g

にんにく
1かけ

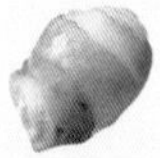

しょうが
1かけ

50g

キャベツ
1枚

玉ねぎ
¼個

100g

にら
1束

ねぎ
1本

150g

じゃがいも
1個

にんじん
1個

200g

トマト
1個

玉ねぎ
1個

250g

ブロッコリー
1個

300g

キャベツ
¼個

chapter 2

はじめてでもおいしい！

人気の定番レシピ9

ナポリタン

ケチャップベースの
なつかしい味わい

あらびきソーセージステーキ
ウインナソーセージを1cm長さに切って使ってもよい。

材料（1人分）

スパゲッティ	80g
あらびきソーセージステーキ	1枚（65g）
玉ねぎ	½個（100g）
ピーマン	2個
にんにく	½かけ
トマトケチャップ	大さじ3
塩、こしょう	各少々
オリーブ油	大さじ½

20分 ｜ 1人分 679kcal

湯1ℓに対して
塩大さじ½が目安！

①

ゆでる

なべにたっぷりの湯を沸かして塩（分量外）を入れ、沸騰したらスパゲッティをばらして入れる。ときどきまぜ、袋の表示時間を目安にゆでる。

②

切る

ソーセージは1cm角に切る。玉ねぎは縦7mm厚さに切る。ピーマンは縦半分に切ってへたと種を除き、斜め1cm幅に切る。にんにくはつぶす→141ページ。

中火3分

③

具を炒める

フライパンを中火にかけてオリーブ油、②のにんにくを入れて熱し、ソーセージ、玉ねぎを炒める。玉ねぎがややしんなりしたら、ケチャップを加えて炒める。

中火2分

④

炒め合わせる

①のスパゲッティがゆで上がったら湯をきり、③に加えて炒め合わせる。

ピーマンは食感よくする
ために炒めすぎない

中火30秒

⑤

仕上げる

むらなくまざったら塩、こしょうで味をととのえ、②のピーマンを加えてさっと炒め合わせる。

料理POINT

ゆでたスパゲッティをフライパンに加えたあとにケチャップで調味しても味がなじみくいので、具をケチャップで調味します。

クリームシチュー

最後に牛乳を加えるのが
なめらか仕上げのポイント

15分　1人分 612kcal

じゃがいも
小さめのひと口大に切って水に3〜4分さらし、水けをきる。

ブロッコリー
大きめの房に切り分ける。

材料MEMO

ローリエ
肉のくさみ消しとして、煮込み料理に欠かせない。食べるときは除いて。

材料（1人分）

鶏もも肉	小1枚（150g）
じゃがいも	1個（150g）
ブロッコリー	¼個（60g）
牛乳	¾カップ（150mℓ）
ローリエ	1枚
固形スープ	½個
バター	大さじ1
小麦粉	大さじ3
塩、こしょう	各適量
湯	1カップ（200mℓ）

手でもみ込むことで
下味が早くなじむ

①

下味つけ

鶏肉は3〜4㎝角に切り、塩、こしょう各少々を振って手でもみ込む。

中火3分

②

炒める

フライパンを中火にかけてバターをとかし、①の鶏肉を炒める。肉のまわりがこんがりしてきたら、じゃがいも、ブロッコリーを加えてよく炒める。

粉の白い部分が
なくなるまで炒める

中火3分

③

振り入れる

じゃがいものまわりが透き通ってきたら小麦粉を振り入れ、粉っぽさがなくなるまで炒める。

中火→弱火5〜6分

④

煮込む

湯を注ぎ、固形スープをくずして加え、ローリエを加えてよくまぜる。煮立ってとろりとしたら弱火にしてふたをし、5〜6分煮込む。

口あたりが悪くなるので
牛乳は長く煮込まない

弱火1分

⑤

加える

じゃがいもがやわらかくなったら、牛乳を加える。フライパンの底からよくまぜてひと煮立ちさせ、塩、こしょう各少々で味をととのえる。

料理
POINT

粉を加えたら、粉っぽさが残ったり、ダマになったりしないように
しっかりと炒めること。

薄切り肉のトマトカレー

トマトの酸味でより深い味に。
いつものカレーがグレードアップ！

15分　1人分 881 kcal

にんじん
乱切り → 137ページ
にする。

トマト
へたをとってひと口大に切る。

じゃがいも
皮をむいてひと口大に切って水にさらし、水けをきる。

玉ねぎ
1cm厚さのくし形に切る。
→ 137ページ

豚肉
長さを半分に切る。

材料（1人分）

豚ロース薄切り肉	100g
じゃがいも	1個（150g）
にんじん	⅓本（50g）
玉ねぎ	¼個（50g）
トマト	1個（200g）
カレールウ	小⅓箱（40g）
ローリエ（36ページ参照）	½枚
サラダ油	大さじ½
湯	2カップ（400mℓ）
あたたかいごはん	茶わん1杯分

中火２分

①

炒める

フライパンを中火にかけ、サラダ油をひいて熱し、豚肉を入れて焼きつけるように炒める。

中火３分

②

こんがりと焼けたら、じゃがいも、にんじん、玉ねぎを加えて炒める。

煮立つまでは強火、
あとは弱火で

強火３分
→弱火７～８分

③

煮る

油がなじんだら湯とローリエを加え、強火にする。煮立ってきたら弱火にし、アクをとりながら7～8分煮る。

火を止めてルウを加え、
むらなくとかす

止める

④

とかす

じゃがいもがやわらかくなったら火を止め、ルウを加えまぜてとかす。

中火２分→止める

⑤

煮る

再び中火にかけ、まぜながら煮立てる。とろみがついたらトマトを加え、再びフツフツ煮立つまで煮る。器にごはんを盛り、カレーをかける。

料理
POINT

野菜は煮込む前にしっかり炒めると、煮くずれしにくい。

麻婆《マーボー》豆腐

ほどよいピリ辛味で
白いごはんがすすむ

20分　1人分 346kcal

木綿豆腐
好みで絹ごし豆腐を使ってもよいが、木綿豆腐のほうが形がくずれにくく、食べごたえがある。

材料（1人分）

豚ひき肉		50g
木綿豆腐		小1丁（200g）
にんにくのみじん切り		小さじ½
ねぎ		10cm
豆板醤		小さじ½
A	湯	½カップ（100mℓ）
	塩	少々
	砂糖	小さじ¼
	オイスターソース	小さじ¼
かたくり粉		小さじ1
ごま油		大さじ½

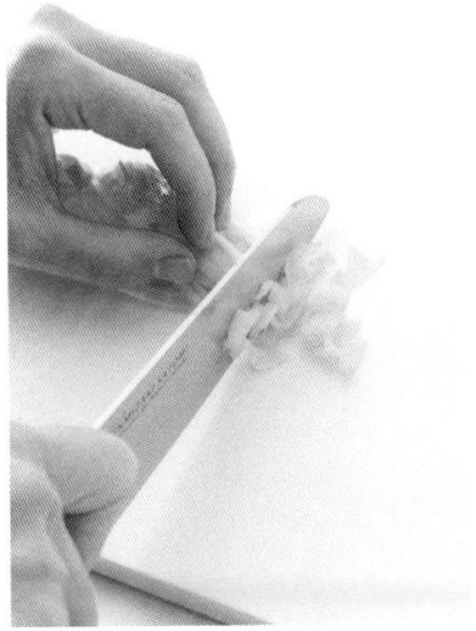

①

切る

ねぎは両面に斜め3mm幅に切り込みを入れて端から切り、あらみじんの状態にする。

豆板醤は火を通して
香りを立てる

中火3分

②

炒める

フライパンを中火にかけてごま油をひき、にんにく、①のねぎを炒める。香りが立ったらひき肉を加えてぽろぽろになるまで炒め、豆板醤を加えて炒める。

豆腐はまるごと加えて
ざっくり切ればOK!

中火30秒

③

豆腐を切る

Aを加えてさっとまぜ、豆腐を加えて1.5cm角くらいに切る。

弱めの中火5〜6分

④

煮る

煮立ったら火を少し弱めて5〜6分煮て、豆腐に味をなじませる。

止める→中火30秒

⑤

とろみづけ

かたくり粉を同量の水でとき、④の火を止めてから加え、菜箸でよくまぜる。中火にかけてまぜながら煮立て、とろみをつける。器に盛り、あれば万能ねぎの小口切り→137ページを散らす。

料理
POINT

それぞれの手順でしっかり火を通すと風味がよくなり、豆腐に味がよくなじみます。

ぶりの照り焼き

油焼きしてから、たれをからめて。
フライパンなら、あと片づけもラクチン

15分　1人分 386kcal

大根
4㎝長さに切ってから4～5㎜角の細切りにする。

三つ葉
4㎝長さに切る。

材料（1人分）

ぶり		1切れ
A	しょうゆ	大さじ1
	みりん	大さじ½
	酒	大さじ1
大根		100g
三つ葉		⅓束
塩、こしょう		各少々
サラダ油		大さじ1

①

合わせる

Aはまぜ合わせる。

中火２分

②

炒める

フライパンを中火にかけ、サラダ油大さじ½をひいて熱し、大根と三つ葉をさっと炒め、塩、こしょうで調味してとり出す。

はじめに焼く面が
きれいに仕上がるので
表面から焼く

中火２分

③

焼く

フライパンにサラダ油大さじ½を足し、ぶりを入れる。緑の色が白く変わったら上下を返し、こんがりと焼く。

くさみがある脂を
除いて、すっきりとした
味にする

中火3〜4分

④

ふきとる

ぶりから出た脂をキッチンペーパーでふきとり、３〜４分焼いて中まで火を通す。

フライパンを傾けると
汁をすくいかけやすい

中火30秒

⑤

からめる

①をぶりにかけながら加える。汁をスプーンでぶりにかけながら、照りよく煮詰めて味をなじませる。器に盛り、②の野菜を添える。

料理 POINT

仕上げに調味料をからめると、こげつくことなく調理しやすい。

チキンソテー

にんにくの風味がいいから
焼くだけで満足感あり！

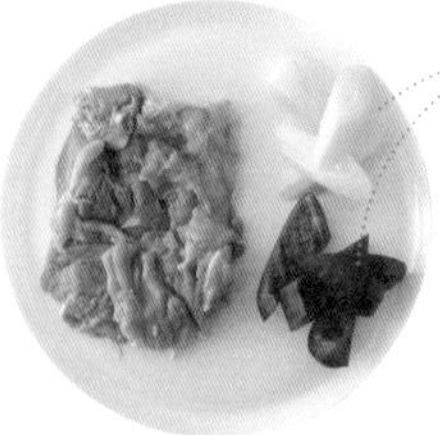

つけ合わせ
パプリカ、セロリがなければ、冷蔵庫に残っている生野菜を食べやすく切って添えて。

材料（1人分）

鶏もも肉	1枚（250g）
おろしにんにく	少々
塩、こしょう	各少々
オリーブ油	大さじ½
赤パプリカ	¼個
セロリ	⅓本
レモン	適量

20分　1人分 595 kcal

①

切る

赤パプリカ、セロリは食べやすい大きさに切る。鶏肉は余分な皮や脂肪を切りとる。

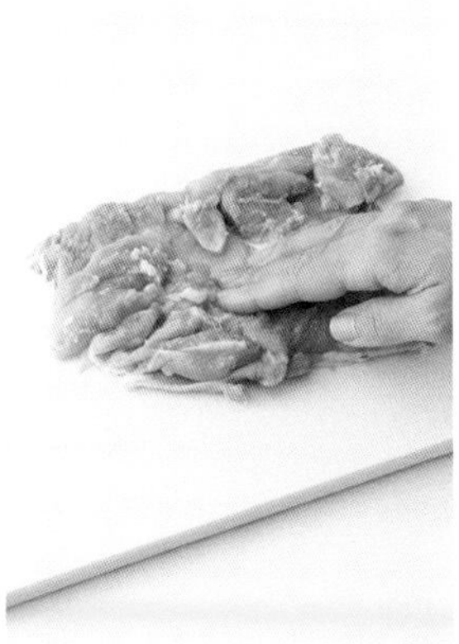

②

下味をつける

鶏肉は両面に塩、こしょうを振り、にんにくをまんべんなくすり込む。

身から焼いて
焼き縮みを少なくする

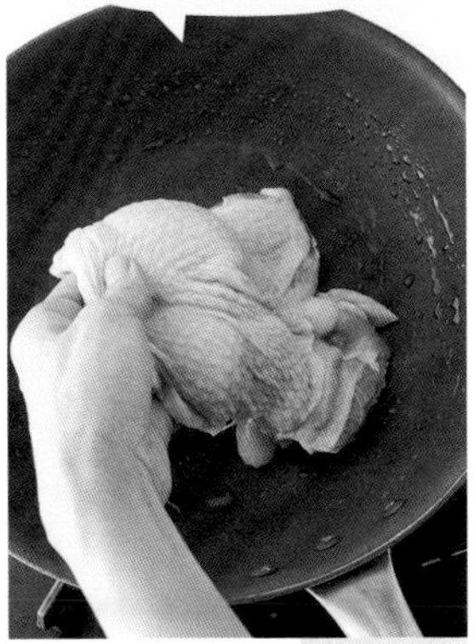

中火1分

③

身を焼く

フライパンを中火にかけ、オリーブ油をひいてしっかり熱する。②の鶏肉を皮目を上にして入れ、1分ほど焼く。

皮はカリッとするまで
焼いて香ばしく

中火7～8分

④

皮目を焼く

色が少し変わったら上下を返し、皮目にこんがりと焼き色がつくまで7～8分焼く。

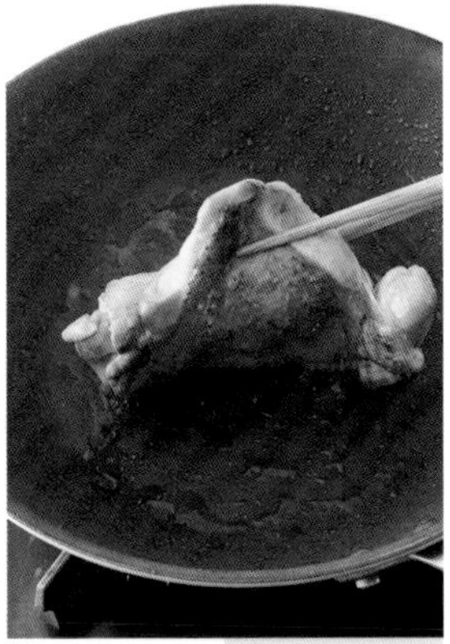

中火4～5分

⑤

返して焼く

皮がカリッと焼けたら上下を返し、さらに4～5分焼いて中まで火を通す。切り分けて器に盛り、①の野菜とレモンを添える。

料理
POINT

身、皮、身の順に2回返しながら焼くと、身はふっくら、皮はカリッと仕上がります。

焼き豚と卵、ねぎのチャーハン

しょうゆの香ばしさで食欲増進！
お店のようなパラリとしたチャーハンを

10分　1人分 636kcal

ねぎ
四つ割り（縦に四つに切る）にしてから1cm長さに切る。

焼き豚
1cm角に切る。

材料（1人分）

あたたかいごはん	200g（茶わん1杯強）
焼き豚	50g
ねぎ	1本
卵	1個
しょうゆ	大さじ½
塩、こしょう	各少々
サラダ油	大さじ1

中火1分

①

炒める

フライパンを中火にかけてサラダ油をひき、焼き豚、ねぎを炒める。

中火

②

卵を加える

焼き豚がこんがりしたら、卵をときほぐして流し入れ、ひとまぜする。

中火

③

加える

すぐにごはんを加える。

中火3分

④

炒める

へらでごはんをくずし、切るようにして全体をむらなく炒め、塩、こしょうを振る。

中火30秒

⑤

仕上げる

なべ肌→141ページからしょうゆをぐるりとたらし入れてジュッと焼き、全体をまぜる。

料理POINT

卵がむらなくからむよう、手を素早く動かして。

肉じゃが

ホッと心まであたたまる味。
じゃがいもをほくほくに煮上げて

15分　1人分 561 kcal

じゃがいも
皮をむいてひと口大→ 141ページに切り、水にさらし、水けをきる。

玉ねぎ
繊維に沿って4～5㎜厚さの細切りにする。

材料（1人分）

牛肉切り落とし肉	100g
じゃがいも	2個（300g）
玉ねぎ	½個（100g）
酒	大さじ2
しょうゆ	小さじ1
砂糖	小さじ1
サラダ油	大さじ½
湯	¾カップ（150㎖）

肉の入れどきは
じゃがいもの状態で確認

アクだけをすくい、煮汁は
できるだけとらないように

中火3分

①

炒める

フライパンを中火にかけ、サラダ油をひいて熱し、じゃがいも、玉ねぎを炒める。

中火3分

②

じゃがいもの縁が透き通ってきたら、牛肉をほぐし入れて炒める。

中火30秒

③

煮る

肉の色が変わり始めたら、酒を加えて煮立てる。

中火30秒

④

アクをとる

湯、しょうゆ、砂糖を加え、全体をひとまぜする。煮立ったら、アクをていねいにすくいとる。

中火8分

⑤

煮込む

落としぶた→135ページをしてときどき揺すりながら、じゃがいもがやわらかくなり、汁けがほとんどなくなるまで煮込む。

料理
POINT

湯を加える前に酒を入れて煮立て、風味よく仕上げる。

豚汁

野菜がたっぷり食べられる
おかず兼用の具だくさん汁

⏲ 15分 ｜ 1人分 495kcal

大根・にんじん
4cm長さの厚めの短冊切り→ 137ページ
にする。

ねぎ
斜め切り→ 136ページ
にする。

材料（1人分）

豚こまぎれ肉	100g
大根	80g
にんじん	20g
ねぎ	1本
みそ	大さじ1
サラダ油	大さじ½
湯	1¼カップ（250mℓ）

中火2分

①

炒める

フライパンを中火にかけ、サラダ油をひいて熱し、豚肉を炒める。

中火2分

②

肉の色が変わったら、大根、にんじん、ねぎを加えて炒め合わせる。

油の膜でうまみを封じ込めて煮る

中火→強火

③

煮る

野菜に油がなじんだら強火にし、湯を加える。

中火5分

④

アクとり

煮立ったら中火にして、アクをすくいとり、大根、にんじんがやわらかくなるまで煮る。

みそは玉じゃくしの中でときのばして

中火30秒→止める

⑤

加える

玉じゃくしにみそを入れ、煮汁をすくって、よくとく。フライパンに戻し入れてまぜ、沸騰直前に火を止める。

料理POINT 風味よく仕上げるには、アクをていねいにとり、みそは最後に加えます。

ごはんのおいしい炊き方

ごはんが残ったら

あたたかいうちに1食分ずつラップで包み、しっかり冷ましてから保存袋に入れ、冷凍または冷蔵保存に → 139ページ ラップごと電子レンジで加熱すれば、炊きたてのおいしさになる。

米を洗う

①
まぜて水を捨てる

大きめのボウルに、はかった米を入れて水をたっぷり注ぎ、手早くまぜて水を捨てる。これを2～3回くり返す。乾燥した米は水分を吸収しやすいので、最初の水はぬかくささが残らないように手早く捨てる。

②
洗って水を捨てる

次に水をひたひた → 140ページ に注ぎ、手で米を手前に引き寄せては手のひらのふくらんだ部分で押し返すようにシャッシャッとさせ、水をたっぷり加えてひとまぜし、水を捨てる。これを2～3回くり返す。力加減は米粒が割れない程度に。

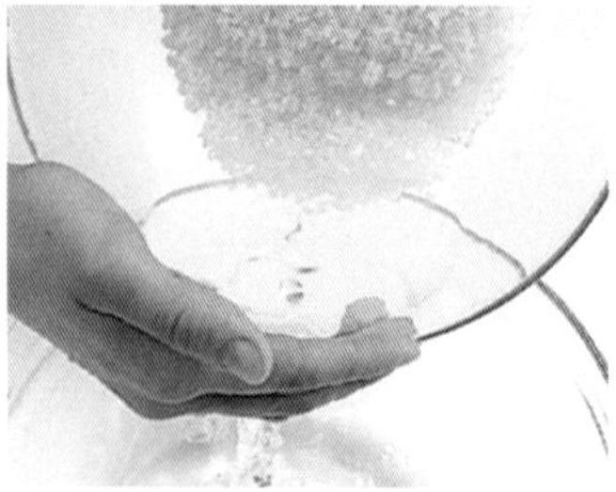

③
ざるに上げる

水を捨てるときは、米粒が流れてしまわないように手のひらで受けながら流す。水が白く濁らなくなったら、ざるに上げて30分ほどおき、米に水分を充分に吸収させて余分な水けをきる。

ごはんを炊く

①
水にひたす

360mℓ（2合）の米を炊く場合、炊飯器の内釜に米を移し、目盛り「2」まで水を注ぐ。夏場なら30分、冬場なら1時間ほど浸水させてから炊く。

②
炊けたらまぜる

炊けたらしゃもじで底から大きくまぜ、ごはんに空気を含ませて、余分な水けをとばす。

無洗米を炊くときは

無洗米は、洗わなくても浸水するだけで炊けるように加工された米。1カップ（180mℓ）につき小さじ2の米を減らして炊飯器に入れ、ふつうに水かげんする（炊飯器の目盛りに合わせる）。無洗米専用の計量カップを利用する場合は、米を減らす必要はない。浸水時間は夏場なら1時間、冬場なら1時間30分ほどが目安。

無洗米専用のカップ

小さじ2分欠けた形。

chapter 3

材料で選ぶ！

ごちそうメインおかず27

豚肉のパネソテー

カリッと香ばしく
ビールにもよく合う

25分　1人分 483kcal

豚肉
しょうが焼き用の部位はロース、肩ロースが多く出回っているが、好みの部位で。写真はロース。

材料（1人分）

豚肉（しょうが焼き用）	3枚（100g）
塩、こしょう	各少々
小麦粉、とき卵、パン粉	各適量
サラダ油	適量
グリーンアスパラガス	2本
玉ねぎの輪切り（1㎝厚さ）	1枚

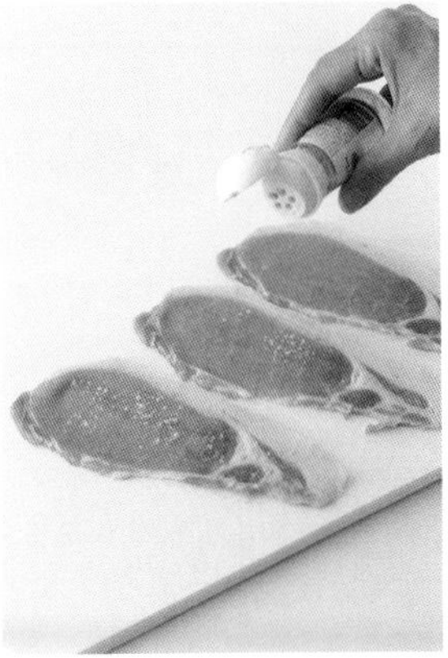

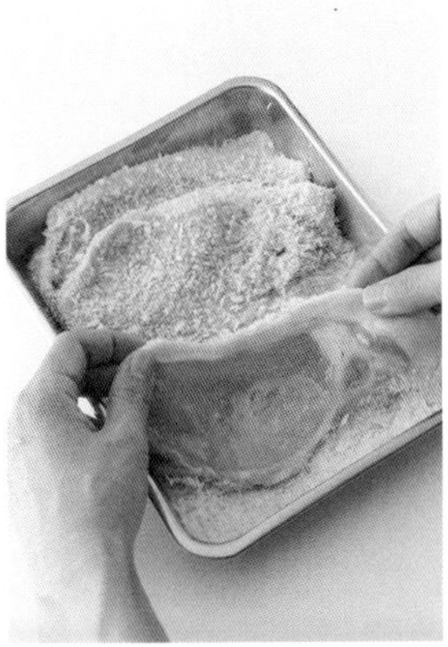

中火3分

こんがり揚げて
食感もカリッと

中火2分

①

下ごしらえ

アスパラは長さを半分に切り、玉ねぎとともにやわらかくゆでる。豚肉は両面に塩、こしょうを振る。

②

卵をからめる

①の豚肉に小麦粉をまぶして余分な粉をはたき、とき卵をからめる。

③

パン粉をまぶす

パン粉をまんべんなくまぶす。

④

揚げる

フライパンを中火にかけてサラダ油を深さ1cmほど入れ、あたたまったら③の豚肉を並べ入れる。

⑤

上下を返す

豚肉の縁がこんがりとしてきたら、下面を見てきれいに色づいていたら、上下を返す。両面がこんがりと色づくまで揚げ、油をきる。器に①の野菜とともに盛る。

料理
POINT

パン粉を薄くまんべんなくまぶすことで、カリッと香ばしく揚がります。
とんカツとは違う食感を楽しんで。

豚肉、キャベツ、ねぎのみそ炒め

炒めて、からめるだけで完成！
甘めのみそ味が食欲をそそる

10分　1人分 417kcal

材料（1人分）

豚こまぎれ肉	100g
キャベツ	1/6個（200g）
ねぎ	1本
A　みそ	大さじ2
A　砂糖	大さじ1
A　酒	大さじ1
サラダ油	大さじ1/2

作り方

① **切る**　キャベツは3cm角に、ねぎは斜め切り→ 136ページ にする。

② **合わせる**　小さめの容器にAを入れてよくまぜ合わせる。

③ **炒める**　中火2分　フライパンを中火にかけ、サラダ油をひいて熱し、豚肉をほぐし入れて炒める。

④ 中火2分　肉にほぼ火が通ったら、①のねぎ、キャベツを加えて炒め合わせる。

⑤ 中火1分　全体に油がなじんでキャベツの色が鮮やかになったら、②を加えて手早く炒め合わせる。

料理POINT
キャベツは少し生かな、というくらいに炒めると、ほどよい食感になります。

豚バラと白菜の重ね蒸し

じっくり火を通すから
白菜の甘みが引き出される

25分　1人分 500kcal

材料（1人分）

豚バラ薄切り肉	100g
白菜	250g
しょうが	1かけ
ねぎ	5cm
酒	大さじ2
A 酢	大さじ1
しょうゆ	大さじ½
オイスターソース	小さじ½
ごま油	小さじ½
湯	¼カップ（50mℓ）

作り方

1. **切る**
白菜は5〜6cm長さに切る。しょうがは薄切りにし、ねぎはみじん切りにする。豚肉は7〜8cm幅に切る。

2. **重ねる**
フライパンに①の白菜の⅓量、豚肉の½量、しょうがの½量を順に重ね、さらに同様に重ねる。残りの白菜を重ね、酒を振る。

3. **蒸し煮**
中火→弱火15〜16分
湯を加え、ふたをして中火にかける。煮立ったら弱火にして15〜16分蒸し煮にする。

4. **たれを作る**
ボウルに①のねぎ、Aを入れてまぜ合わせる。

5. **盛る**
器に③をくずさないように盛り、④のたれをかける。

料理POINT

重ねることで豚肉と白菜がうまみを移し合います。コクがありながらもさっぱりとしたたれで。

チキンと野菜のハーブ蒸し

ワイン＆オイルで蒸し煮にして
鶏肉のうまみを引き出して

⏲ 20分　1人分 346 kcal

材料（1人分）

鶏もも肉	½枚（120g）
じゃがいも	小1個（100g）
ミニトマト	6個
キャベツ	⅛個（150g）
ハーブミックス	小さじ½〜1
白ワイン	大さじ2
塩	少々
オリーブ油	大さじ1

作り方

① **切る**　じゃがいもは四つ割り（縦に四つに切る）にし、ミニトマトはへたをとり、キャベツは大きめのざく切りにする。

② **塩をする**　フライパンに鶏肉をそのまま入れ、塩をもみ込む。

③ **加える**　①のじゃがいも、ミニトマト、キャベツを加える。

④ **振る**　全体にハーブミックスをまんべんなく振る。

⑤ **蒸し煮**（中火→弱めの中火 8〜10分）　ワイン、オリーブ油を回しかけてふたをし、中火にかける。煮立ったら少し火を弱め、じゃがいもがやわらかくなるまで8〜10分蒸し煮にする。

料理POINT　水分が少ないので、焦がさないように注意して。

手羽中と大根のしょうゆ煮

手羽中はほろほろにやわらかく
大根は煮汁がしっかりしみ込んで

30分　1人分 311 kcal

材料（1人分）

- 鶏手羽中（スペアリブ）……200g
- 大根……150g
- しょうがの薄切り……2枚
- A
  - 湯……1カップ（200㎖）
  - しょうゆ……小さじ1
  - 砂糖……小さじ½

作り方

① **切る**
大根は1.5～2㎝厚さの半月切り→137ページにする。

② **煮る**
中火
なべにAを入れて中火にかけ、煮立ったら①の大根、手羽中、しょうがを加える。

③ **煮込む**
中火→弱めの中火
20～30分
再び煮立ったら火を少し弱め、アクを除く。落としぶた→135ページをして、なべのふたをし、ときどき上下を入れかえながら大根がやわらかくなるまで20～30分煮込む。あれば大根の茎を刻んで加え、さっと煮る。

料理POINT
調味料がなじみやすいよう、落としぶたを忘れずに。ただ煮るだけなので簡単です。

ひと口チキンソテー マヨソース

香ばしく焼いた鶏肉に
マヨネーズソースがぴったり！

15分　1人分 523kcal

材料（1人分）

鶏胸肉		小1枚（150g）
絹さや		30g
A	マヨネーズ	大さじ2
	おろしにんにく	少々
塩、こしょう		各少々
サラダ油		大さじ½

作り方

1. **切る**　鶏肉は1cm厚さのそぎ切り→137ページにする。
2. **下味つけ**　塩、こしょうを振って下味をつける。
3. **下ごしらえ**　Aはまぜ合わせる。絹さやは筋をとる。
4. **焼く**（中火5〜6分）　フライパンを中火にかけ、サラダ油をひいて熱し、②の鶏肉を皮目を下にして並べる。肉のまわりが白くなったら上下を返し、2〜3分焼いて中まで火を通す。
5. **のせる**（弱火）　弱火にし、鶏肉の上に③のAを落ちないようにのせる。
6. **蒸し焼き**（弱火2分）　③の絹さやを鶏肉の脇に入れ、ふたをして2分ほど蒸し焼きにする。器に盛り、あればドライパセリを振る。

料理POINT
焼きむらをなくすため、鶏肉は厚みをそろえて切りましょう。

肉豆腐

だしいらずのほのぼの煮物。
すき焼き風の甘辛味でごはんがすすむ

15分 1人分 469kcal

材料（1人分）

- 牛切り落とし肉 …… 100g
- 木綿豆腐 …… 小1丁（200g）
- 白菜 …… 2枚（150g）
- A
  - 酒 …… 大さじ1
  - 湯 …… ½カップ（100mℓ）
  - しょうゆ …… 大さじ1
  - 砂糖 …… 小さじ1
- サラダ油 …… 大さじ½

作り方

① **切る**　白菜は葉の部分と軸の部分に切り分け、それぞれ3～4cm角に切る。豆腐は長い辺を半分に切ってから1.5cm厚さに切る。

② **炒める**（中火3分）　フライパンを中火にかけ、サラダ油をひいて熱し、牛肉を炒める。

③（中火2分）　肉の色がほぼ変わったら、①の白菜の軸を加えて炒める。

④ **味つけ**　全体に油がなじんだら、Aを順に加えてさっとまぜる。

⑤ **加える**（中火5～6分）　煮立ったら①の豆腐を加え、再び煮立ったら、ときどきまぜながら5～6分煮る。

⑥ **仕上げる**（中火3分）　白菜の軸がやわらかくなったら①の白菜の葉を加えてまぜ、しんなりするまで煮る。

料理POINT

煮たり焼いたりするときは木綿豆腐を。口あたりのやわらかい絹ごしは冷ややっこに。

青《チン》椒《ジャオ》肉《ロー》絲《スー》

ピーマンの苦みと
牛肉のコクがおいしくマッチ

15分　1人分 475kcal

牛切り落とし肉
切らずに使えて、比較的安価。大きいものがまざっていたら、食べやすい大きさに切る。

パプリカ
赤パプリカがなければ、黄パプリカを使ったり、ピーマンを1個ふやしたりしてもよい。

材料（1人分）

牛切り落とし肉	100g
ピーマン	4個
赤パプリカ	¼個
ねぎ	½本
A　オイスターソース	小さじ1½
A　しょうゆ	小さじ½
A　こしょう	少々
A　おろしにんにく	少々
しょうゆ	小さじ½
酒	小さじ½
かたくり粉	小さじ½
ごま油	大さじ½

野菜は太さを
そろえて食感よく

①

切る

ピーマンは縦半分に切ってへたと種を除き、赤パプリカとともに斜め４～５㎜幅に切る。ねぎは縦半分に切って芯を除き、斜め４～５㎜厚さに切る。

②

下味をつける

ボウルに牛肉を入れ、しょうゆ、酒を加えてよくまぜ、かたくり粉を加えてさらにまぜる。

牛肉はしっかり炒めて
うまみをとじ込めて

中火２分

③

肉を炒める

フライパンを中火にかけ、ごま油をひいて充分に熱し、②の牛肉を入れる。フライパン全体に広げ、ほぐすように炒める。

中火１分

④

野菜を炒める

牛肉がこんがりとしたら、①の野菜を加えてむらなく炒め合わせる。

中火30秒

⑤

仕上げる

Aを順に加え、さっと炒める。

料理
POINT

お店では牛肉やピーマンは細切りですが、おうちではこのくらいでOK!
食感がよく、見た目のボリューム感がアップします。

ひき肉のチーズ焼き
&もみレタスのサラダ

ひき肉をほぐさず焼いて
ボリュームおかずに！

20分 ｜ 1人分 460kcal

ひき肉のチーズ焼き
371kcal

材料（1人分）

- 豚ひき肉 …… 100g
- 玉ねぎ …… ¼個（50g）
- ピザ用チーズ …… 20g
- 塩、こしょう …… 各適量
- オリーブ油 …… 小さじ1
- レモン、粒マスタード …… 各適量

作り方

① **下ごしらえ** ひき肉はパックに入ったまま表面に塩、こしょうを振る。玉ねぎはみじん切りにする。

② **焼く** 中火7〜8分
フライパンにオリーブ油を中火で熱し、①のひき肉をそのまま入れて塩、こしょうを振り、ふたをして7〜8分焼く。

③ **のせる** 中火3〜4分
表面の色が変わったら上下を返し、①の玉ねぎ、チーズをのせ、ふたをしてチーズがとけるまでさらに3〜4分焼く。器に盛り、もみレタスのサラダ（下記参照）、レモン、粒マスタードを添える。

料理POINT
ひき肉は思いきって、そのままフライパンの中へ。

もみレタスのサラダ 89kcal

材料（1人分）

- レタス …… 150g
- ミニトマト …… 6個
- A ｜ オリーブ油 …… 大さじ½
- A ｜ 塩 …… 少々
- B ｜ 酢 …… 大さじ1
- B ｜ ハーブミックス …… 少々

レタスはひと口大にちぎり、ミニトマトはへたをとって半分に切る。レタスをボウルに入れ、Aを加えてもみ込み、しんなりさせる。ミニトマト、Bを加えて菜箸でまぜる。

大切り野菜とソーセージのポトフ

スープに材料を入れて煮込むだけ。
超手間なしのフランスの家庭料理

15分　1人分 492kcal

材料（1人分）

フランクフルトソーセージ	2本（150g）
キャベツ	⅛個（150g）
セロリ	7～8cm
玉ねぎ	½個（100g）
固形スープ	1個
ローリエ	1枚
塩、こしょう	各少々
湯	2.5カップ（500mℓ）

作り方

① **スープ作り**（強火）
フライパンに湯を入れて強火にかけ、固形スープをくずして加える。

② **加える**（強火）
とけたら、ローリエ→28ページを加える。

③ **煮込む**（強火→中火7～8分）
セロリは筋をとってから、キャベツ、玉ねぎも加え、煮立ったら中火にしてふたをし、7～8分煮込む。

④ **加える**（中火4～5分）
野菜がやわらかくなったらソーセージを加え、4～5分煮て、塩、こしょうで味をととのえる。

料理POINT
野菜は大きめに切って、食べごたえたっぷりに。

鮭のクリーム煮

野菜のやさしい甘みと
クリームのコクが絶妙

20分　1人分 687 kcal

玉ねぎ
縦半分に切ってから繊維に沿って5〜6㎜厚さに切る。

鮭
半分に切り、両面に塩、こしょう各少々を振る。

材料MEMO

生クリーム
牛乳からつくられるなめらかで濃厚な風味が、おいしさのもと。コーヒー用ではなく、料理・お菓子用の乳脂肪分が45％前後のものを選んで。

材料（1人分）

生鮭	1切れ
玉ねぎ	1個（200g）
粒コーン（缶詰）	50g
生クリーム	½カップ（100㎖）
バター	大さじ½
酒	大さじ1
塩、こしょう	各適量

白い料理なので
色づくまで
炒めないように

中火2分

①

炒める

フライパンを中火にかけてバターをとかし、玉ねぎをしんなりするまで炒める。

鮭の下半分の色が
変わったら返しどき

中火4分

②

焼く

鮭を加え、両面をこんがりと焼く。

中火3分

③

蒸し焼き

酒を振ってふたをし、蒸し焼きにして鮭の中まで火を通す。

強火→中火4～5分

④

加える

生クリームを加えて強火にし、煮立ったら中火にする。煮汁がとろりとするまでまぜながら煮詰め、塩、こしょう各少々を加える。

中火30秒→止める

⑤

煮る

缶汁をきった粒コーンを加えてまぜ、再び煮立ったら火を止める。器に盛り、好みでバゲットを添える。

料理
POINT
風味を残すため、生クリームを加えたら強火で一気に加熱して。

さわらの中華風蒸し煮

淡泊なさわらに
パンチのあるにらで風味づけを

20分 1人分 219kcal

材料（1人分）

さわら		1切れ
にら		¼束（25g）
ねぎ		10cm
にんにくのみじん切り		小さじ½
A	湯	¼カップ（50mℓ）
	酒	大さじ1
	しょうゆ	小さじ½
	オイスターソース	小さじ1
ごま油		小さじ1

作り方

① **切る**
にらは7〜8mm幅に切り、ねぎはみじん切りにする。

② **炒める**
中火3分
フライパンを中火にかけてごま油、にんにくを入れて熱し、①のねぎを炒める。香りが立ったら、さわらを皮目を上にして入れる。

③ **蒸し煮**
中火6分30秒〜7分30秒
30秒焼きつけたらAを加え、ふたをして6〜7分蒸し煮にする。

④ **仕上げる**
中火1〜2分
①のにらを加えてふたをし、にらがしんなりするまで1〜2分煮る。

料理POINT
香味野菜を先に炒め、香りを引き出して。ほかの魚でも同じ作り方でできます。

さばのみそ煮

手順を覚えれば、むずかしいことなし。
脂ののったさばが、とびきりの味に

20分　1人分 334kcal

材料（1人分）

さば		1切れ
A	湯	½カップ（100mℓ）
	酒	大さじ2
	砂糖	大さじ1
みそ		大さじ1.5
ねぎ		1本
三つ葉		20g
しょうが		1かけ

作り方

① **切る**　ねぎは斜め切り→136ページ、三つ葉は5〜6cm長さに切る。しょうがは薄切りにする。

② **切り目**　さばは身の厚い部分の皮に2〜3mm深さの×印の切り目を入れる。

③ **煮る**　中火5分　フライパンにAを入れて中火にかけ、煮立ったら②のさばを皮目を上にして入れる。再び煮立ってさばが白っぽくなったら、①のしょうがを加える。

④ 中火30秒　煮汁をスプーンですくってさばに数回かけ、均一に火を通す。

⑤ **とかす**　中火30秒　煮汁にみそを加えて煮とかし、全体に行き渡らせる。

⑥ **煮る**　中火7〜8分　落としぶた→135ページをして7〜8分煮る。

⑦ **仕上げる**　中火3分　煮汁が少なくなってさばに火が通ったら、①のねぎと三つ葉をあいたところに入れ、しんなりと煮る。

料理POINT

煮汁をかけながら煮て、味をしっかりとなじませましょう。

さば缶の辛すっぱいスープ

さば缶を1缶使った
栄養充実のおかずスープ

15分　1人分 427 kcal

材料（1人分）

さば水煮缶	1缶（200g）
にんじん	20g
三つ葉	40g
ねぎ	½本
にんにく	½かけ
しょうがの薄切り	2枚
刻み赤とうがらし	少々
こしょう、ラー油	各少々
酢	大さじ1
湯	½カップ（100mℓ）

作り方

① **切る**

にんじんはせん切りにし、三つ葉は3～4cm長さに切り、ねぎは1.5cm長さに切る。にんにくはつぶす→141ページ。

② **煮る**

中火→弱めの中火3～4分

なべにさばを缶汁ごと入れ、①のにんにく、ねぎ、しょうが、湯を加えて中火にかける。煮立ったら、火を少し弱めて3～4分煮る。

③ **さらに煮る**

中火30秒

ねぎに火が通ったら中火にし、①のにんじん、三つ葉を加えてひと煮する。

④ **仕上げる**

中火→止める

赤とうがらし、こしょう、ラー油を加え、火を止めて酢を回しかける。

料理POINT

酢は火を通すと酸味がとぶので、火を止めてから加えてさっぱりと仕上げて。辛みとも好相性です。

サーモンとアボカドのマヨグラタン

とろりとした舌ざわりで
まったりマヨ味がうれしい

20分 | 1人分 658kcal

材料（1人分）

サーモン（刺し身用）	80g
トマト	¾個（150g）
玉ねぎ	¼個（50g）
アボカド	小1個（正味75g）
レモン汁	小さじ1
おろしにんにく	少々
マヨネーズ	大さじ3
塩、こしょう	各少々
サラダ油	小さじ1

作り方

① **下ごしらえ** サーモン、トマト、アボカドは1cm角に切り、アボカドはレモン汁をまぶす。玉ねぎは7〜8mm角に切る。

② **炒める** 中火2分 フライパンを中火にかけてサラダ油をひき、①の玉ねぎを炒める。透き通ったら、①のサーモンを加えてさっと炒める。

③ **仕上げる** ボウルに移して①のトマト、アボカドを加えて塩、こしょうを振り、マヨネーズ、にんにくを加えてあえる。

④ **焼く** グラタン皿に入れ、オーブントースターでこんがりするまで7〜8分焼く。

料理POINT
具材は火を通さずに食べられるものばかりなので、焼くときは表面がこんがりすればOK！

えびチリ

えびのプリプリ食感に
辛みがきいて食欲をそそる

25分 1人分 248kcal

材料（1人分）

えび（殻つき）	10尾（180g）
玉ねぎ	¼個（50g）
にんにくのみじん切り	小さじ½
A　トマトケチャップ	大さじ3
豆板醤	小さじ½
オイスターソース	小さじ¼
しょうゆ、酒	各小さじ1
サラダ油	大さじ½
ごま油	小さじ1
湯	¼カップ（50mℓ）

作り方

① **下ごしらえ**　えびはキッチンばさみで足を切り落とす。包丁で背に切り込みを入れ、背わたをとり除く →141ページ。玉ねぎはみじん切りにする。

② **下味をつける**　①のえびにしょうゆ、酒をからめて下味をつけ、10分ほどおいて汁けをきる。

③ **炒める**　中火3分　フライパンを中火にかけてサラダ油をひき、充分に熱して②のえびを炒め、色が変わったらとり出す。

④ **炒めて煮る**　中火5分　フライパンをさっと洗って中火にかけ、ごま油、にんにくを熱し、①の玉ねぎを炒める。しんなりしたらAを順に加え、そのつど炒める。湯を加えてよくまぜ、煮立ったら③のえびを戻し入れる。

⑤ **仕上げる**　中火2分　まぜながら煮汁がとろりとするまで煮詰める。器に盛り、あればグリーンカールを添える。

料理POINT
えびは加熱し続けるとかたくなるので、炒めたらいったんとり出し、仕上げに戻して。

あさりのワイン蒸し

ハーブの香りよく
うまみたっぷりの塩けが絶品

10分* | 1人分 115kcal

※あさりの砂出し時間は含みません。

材料（1人分）

- あさり（殻つき）……250g
- にんにく……½かけ
- ミックスハーブ（ドライ）……小さじ½
- 白ワイン……大さじ2
- オリーブ油……大さじ½

作り方

① **砂出し** あさりはひたひた→140ページの塩水（水1カップ〈200mℓ〉に対して塩小さじ1〈分量外〉の割合）につけ、アルミホイルなどでふたをし、冷蔵庫に7～8時間入れて砂出しをする。

② **下ごしらえ** にんにくはつぶす→141ページ。①のあさりは殻と殻をこすり合わせて洗う。

③ **炒める** 中火2分
フライパンを中火にかけ、オリーブ油、にんにくを炒める。香りが立ったら②のあさり、ワイン、ミックスハーブを順に入れてふたをする。

④ **蒸し煮に** 中火5～6分→止める
ときどきフライパンを揺すって火が均一に入るようにしながら5～6分蒸し煮にする。あさりの口があいたら火を止める。

POINT

あさりの砂出しは
手を抜かずしっかりと

あさりに砂が残っていると、ジャリッとした食感になって台なし。砂出しずみのものでも、使うまで砂を吐かせて。

料理POINT

ドライハーブがなければ、生のパセリを刻んで使っても。

卵

万能ねぎとひき肉の平焼きオムレツ

こんがりとしたしょうゆ風味。
ほんのり辛みもきいて

10分 ｜ 1人分 378kcal

材料（1人分）

- 卵 …… 2個
- 豚ひき肉 …… 50g
- 万能ねぎ …… 30g
- A
  - にんにくのみじん切り …… 小さじ½
  - 刻み赤とうがらし …… 少々
  - しょうゆ …… 小さじ1
  - ごま油 …… 小さじ1
  - こしょう …… 少々
- サラダ油 …… 大さじ½

作り方

1. **切る**　万能ねぎは2cm長さに切る。
2. **卵液を作る**　ボウルにひき肉を入れ、Aを加えてよくまぜる。卵を割り入れてよくまぜ、①の万能ねぎを加えてまぜる。
3. **焼く**　中火6分　（直径約24cmの）フライパンを中火にかけてサラダ油をひき、充分に熱して②の卵液を一気に流し入れ、フライパンいっぱいに広げる。表面が乾いたらフライ返しで上下を返し、こんがりと焼き上げる。

料理POINT　フライ返しで上下を返しにくいときは、皿にひっくり返してのせ、フライパンに戻しても。

豚こまと水菜の卵とじ

やさしい甘辛味で
ほっとする味わい

15分　1人分 316kcal

材料（1人分）

卵	1個
豚こまぎれ肉	100g
水菜	100g
A　だし	¾カップ（150mℓ）
砂糖	小さじ1
しょうゆ	小さじ1
塩	少々

作り方

① **切る**
水菜は5cm長さに切る。

② **煮る**（中火5〜6分）
なべにAを入れて中火にかけ、煮立ったら豚肉を加えて煮る。アクが出てきたら除いて3〜4分煮、①の水菜を加えてさらに煮る。

③ **卵を加える**（中火1分）
卵はときほぐす。②の水菜がしんなりして煮汁がしっかり煮立ったら、とき卵を回し入れる。

④ **さらに煮る**（弱火2〜3分→止める）
ふたをして弱火にし、2〜3分煮て火を止め、そのまま2〜3分蒸らす。

料理POINT
卵のふんわり&とろりとした食感を楽しみたいので、とき卵を加えてからの加熱時間と蒸らし時間には特に気をつけて。

卵とトマトの炒めもの

さっと炒めたトマトの甘ずっぱさと
卵のふんわり感がたまらない

10分 | 1人分 251 kcal

材料（1人分）

卵	2個
トマト	1個（200g）
にんにく	½かけ
塩	少々
ごま油	大さじ½

作り方

① **下ごしらえ**

トマトは縦半分に切って→141ページへたを除き、ひと口大→141ページに切る。にんにくはつぶす→141ページ。卵はときほぐす。

② **具を炒める**

中火1分30秒

フライパンを中火にかけ、ごま油、①のにんにくを入れて30秒ほど熱し、油が熱くなったら①のトマトを加えて1分ほど炒める。

③ **卵を炒める**

中火2分
→止める

①の卵を流し入れて大きくまぜ、2分ほど火を通し、塩を振って火を止める。器に盛り、あればイタリアンパセリを添える。

料理POINT

卵はふんわりとした食感に仕上げたいので、フライパンに流し入れたら、菜箸で大きく4～5回まぜる程度に。

にら卵

炒めた野菜の甘みを
卵でまとめて、彩りも◎

15分　1人分 294kcal

材料（1人分）

卵	2個
にら	1束（100g）
玉ねぎ	¼個（50g）
にんじん	20g
オイスターソース	小さじ½
塩、こしょう	各少々
ごま油	小さじ1
サラダ油	大さじ½

作り方

① **切る**
にらは3～4cm長さに切り、玉ねぎは縦薄切りにし、にんじんは細切り→136ページにする。

② **炒める**
中火3分
フライパンを中火にかけてサラダ油をひき、①の玉ねぎ、にんじんを炒める。玉ねぎが透き通ったら、①のにらの⅔量を加えて炒め、にらがしんなりしたら残りのにらを加え、さっと炒めて塩、こしょうを振る。

③ **卵を加える**
中火1分
卵をときほぐして流し入れ、菜箸で大きくまぜてふんわりと火を通す。

④ **調味する**
止める
火を止め、なべ肌→141ページからオイスターソース、ごま油を順に回し入れてさっとまぜる。

料理POINT
野菜はしっかり炒めると、甘みがアップします。火を止めてオイスターソースとごま油を加え、余熱で香りを引き出します。

豆腐とベーコン、にんじんのチャンプルー

ベーコンの脂で炒めるから
コクがプラス。熱々をどうぞ

15分　1人分 507kcal

材料（1人分）

木綿豆腐	1丁（300g）
ベーコン	3枚（50g）
にんじん	⅔本（150g）
塩、こしょう	各少々
サラダ油	大さじ½

ひと口大は自分の口の
サイズを基準にして

①

水きり

豆腐は手でひと口大にちぎり、キッチンペーパーにのせて水けをきる。

②

切る

にんじんは斜め薄切りにしてずらして重ね、細切り→136ページにする。ベーコンは2～3cm幅に切る。

中火2分

③

炒める

フライパンを中火にかけ、サラダ油をひいて熱し、②のベーコンを炒める。脂が出てきたら、②のにんじんを加えて炒める。

中火

④

加える

にんじんがしんなりしたら、①の豆腐を加える。

味を確認してから
塩、こしょうで味つけを

中火3分

⑤

仕上げる

豆腐を焼きつけるように炒め、焼き色がついたら塩、こしょうを振る。

料理
POINT

豆腐は焼きつけるように炒め、こんがりと仕上げて食感を楽しんで。

豆腐ステーキ 炒め野菜添え

中まで熱々に焼いて
中華ソースをからめて焼き上げる

15分 1人分 307kcal

材料（1人分）

- 木綿豆腐 …… 小1丁（200g）
- A
  - オイスターソース …… 大さじ½
  - しょうゆ …… 大さじ1
  - 酒 …… 大さじ1
  - こしょう …… 少々
- チンゲンサイ …… ½株
- ねぎ …… ½本
- 塩、こしょう …… 各少々
- サラダ油 …… 大さじ1

作り方

① **水きり** 豆腐は1.5～2cm厚さに切り、キッチンペーパーにのせて上からもキッチンペーパーをかぶせ、手で軽く押さえて水けをふきとる。

② **切る** チンゲンサイは葉の部分は3～4cm長さに、茎の部分は縦に1.5cm厚さに切る。ねぎは7～8mm厚さの斜め切り→136ページにする。

③ **合わせる** Aはまぜ合わせる。

④ **炒める** 中火2分 フライパンを中火にかけ、サラダ油大さじ½をひいて熱し、②の野菜を炒める。しんなりしたら、塩、こしょうを振ってとり出す。

⑤ **焼く** 中火6分 ④のフライパンをキッチンペーパーでさっとふいてサラダ油大さじ½をひき、①の豆腐を並べ入れて全体をこんがりと焼く。

⑥ **からめる** 中火1分 ③を加え、全体にからめる。器に盛り、④を添える。

料理POINT

豆腐に焼き目をしっかりつけると、味がよくなじみます。

豆腐、ねぎ、小松菜のおろし煮

大根おろしたっぷりで
さっぱり食べられる

20分 ｜ 1人分 200kcal

材料（1人分）

- 木綿豆腐 …… 小1丁（200g）
- ねぎ …… ½本
- 小松菜 …… 100g
- 大根 …… 150g
- A
  - だし …… ¾カップ（150mℓ）
  - 塩 …… 小さじ¼
  - しょうゆ …… 小さじ½

作り方

① **下ごしらえ**
ねぎは1cm厚さの斜め切り → 136ページにし、小松菜は4～5cm長さに切る。大根はすりおろしてざるに入れ、水けをきる。

② **煮る** 中火→弱火7～8分
なべにAを入れて中火にかけ、豆腐を半分に割って加える。落としぶた → 135ページをし、煮立ったら弱火にして7～8分煮る。

③ 中火3～4分
中火にし、①のねぎ、小松菜を加えてしんなりするまで3～4分煮る。

④ **仕上げる** 中火
①の大根おろしを広げ入れ、あたたまる程度に煮る。器に煮汁ごと盛る。

料理POINT
大根おろしを加えてから長く煮ると風味がなくなるので、あたたまる程度にさっと煮て。

厚揚げときのこの オイスターソース炒め

ボリューム満点の中華おかず。
コクのある味で箸がすすむ

15分　1人分 468 kcal

材料（1人分）

厚揚げ	1枚（250g）
まいたけ	1パック
オイスターソース	大さじ1
しょうゆ	小さじ1
こしょう	少々
サラダ油	大さじ½

作り方

1. **油抜き**（中火3分）　なべに湯を中火で沸かし、沸騰したら厚揚げを入れ、再び煮立ったら、ざるに上げて湯をきる。
2. **ふきとる**　①の厚揚げが手で持てるくらいに冷めたら、キッチンペーパーで水けをふきとる。
3. **ほぐす**　まいたけは食べやすい大きさにほぐす。
4. **炒める**（中火30秒）　フライパンを中火にかけ、サラダ油をひいて熱し、②の厚揚げをひと口大にちぎって入れる。
5. （中火5分）　中火にして全体がこんがりするまで炒め、③のまいたけを加えてしんなりするまで炒め合わせる。
6. **仕上げる**（中火1分）　オイスターソース、しょうゆ、こしょうを順に加えて手早く炒め合わせ、味をなじませる。

料理POINT

調味料はなべ肌から加えると、全体に行き渡りやすい。

厚揚げとブロッコリーのトマト煮

厚揚げのうまみに
トマトの甘ずっぱさが好相性

25分　1人分 427kcal

材料（1人分）

厚揚げ	200g
ブロッコリー	1/5個（50g）
玉ねぎ	1/4個（50g）
にんにくのみじん切り	小さじ1/2
カットトマト缶	120g
赤とうがらし	1本
砂糖	小さじ1/2
しょうゆ	小さじ1/2
オリーブ油	大さじ1/2
湯	1/4カップ（50mℓ）

作り方

1 下ごしらえ

厚揚げはさっとゆでて油抜きし、3等分に切る。ブロッコリーは小房に分け → 84ページ、ややかためにゆでる。玉ねぎはみじん切りにする。赤とうがらしは半分にちぎる。

2 炒める

中火5分

フライパンを中火にかけてオリーブ油、にんにくを入れて熱し、①の玉ねぎを炒める。しんなりしたら、赤とうがらし、トマト缶、湯を加える。

3 煮る

中火→弱めの中火10分

ひと煮立ちしたら①の厚揚げを加え、煮立ったら弱めの中火にして落としぶた → 135ページ をし、ときどきまぜながら10分ほど煮る。

4 仕上げる

中火3分

砂糖、しょうゆを加えて中火にし、①のブロッコリーを加え、まぜながら汁けがほとんどなくなるまで煮る。

料理POINT

煮詰めることで、トマトや玉ねぎが厚揚げによくからんで、少なめの調味料でもしっかり味に。焦がさないように気をつけて。

人気Best 3のストック食材を使い回し！

大活躍の作りおきおかず8

No. 1

蒸し鶏

蒸しゆでにすればパサつきなし！
鶏胸肉をしっとりおいしく

保存：冷蔵で７日

材料（作りやすい分量）

鶏胸肉 ……… 1枚（300g）
白ワイン ……… 大さじ2
塩 ……… 小さじ¼
こしょう ……… 少々
湯 ……… ⅖カップ（80㎖）

作り方

1. フライパンに鶏肉を入れ、塩、こしょうを振ってしっかりもみ込む。
2. ワインをからめ、湯を加えて中火にかけ、ふたをする。煮立ってから８分ほど蒸しゆでにする。 中火8分
3. 火を止め、ふたをとらずにそのまま完全に冷ます。
4. 保存容器に汁ごと入れて保存する。

POINT

冷ますときはふたをしてフライパンの中で

鶏肉を冷ますときは、ふたをしたフライパンの中で。肉の乾きを防ぐ。

アレンジ1

→ 鶏肉のヨーグルトカレーソテー

材料（1人分）

「蒸し鶏」（76ページ参照）……⅓枚

A
- プレーンヨーグルト（無糖）……大さじ3
- カレー粉……小さじ⅓
- トマトケチャップ……小さじ1

オリーブ油……小さじ1

ミニトマト……適量

レタス（ひと口大にちぎる）……適量

作り方

① 蒸し鶏は7〜8mm厚さに切る。

② Aはまぜ合わせる。

③ フライパンにオリーブ油を中火で熱し、①の蒸し鶏を入れて軽く焼きつける。鶏肉があたたまったら②を加え、全体にからめる。器に盛り、ミニトマト、レタスを添える。 中火3分

アレンジ2

→ 鶏肉ときゅうり、もやしのあえもの

材料（1人分）

「蒸し鶏」（76ページ参照）……⅓枚

きゅうり……⅓本

もやし……50g

A
- ねり白ごま……大さじ½
- 砂糖……小さじ1
- しょうゆ……小さじ1
- 酢……小さじ2

作り方

① 蒸し鶏は食べやすい大きさに裂く。

② きゅうりは細切り→136ページにし、なべに湯を沸かし、沸騰したら中火でもやしをゆでる。 中火2分

③ 大きめのボウルにAを入れてなめらかにまぜ合わせ、①の蒸し鶏、②のきゅうり、もやしを加えてあえる。

マヨネーズの酸味がほどよいアクセント。
やみつきになる味

20分　1人分 530kcal

No. 2

マッシュポテト

保存：冷蔵で7日

材料（作りやすい分量）

	じゃがいも	小2個（250g）
A	酢	小さじ2
	塩、こしょう	各少々
	マヨネーズ	大さじ4

作り方

1. じゃがいもは皮をむいてひと口大 → 141ページ に切り、さっと洗う。なべに湯を沸かし、沸騰したら中火でゆで、やわらかくなったらざるに上げて湯をきる。再び中火にかけ、なべを揺すって水分をとばす。 中火15分
2. 熱いうちにつぶし、Aを加えてまぜる。
3. 冷めたら、マヨネーズを加えてまぜる。

POINT

**熱々のうちに
じゃがいもをつぶす**

じゃがいもはなべの中でフォークでつぶす。必ず熱いうちにつぶして、ほくほくの食感に。

アレンジ1

→ ポテトサラダ

材料（1人分）

「マッシュポテト」（78ページ参照）	⅓量
きゅうり	½本
玉ねぎ	⅛個（25g）
ロースハム	1枚
塩	少々

作り方

1. きゅうりは皮を縞目にむいて薄い小口切り→137ページに、玉ねぎは薄切りにする。
2. ボウルに入れて、塩を振り、手でもんでしんなりさせ、さっと洗って水けをしぼる。
3. ハムは1cm角に切る。
4. ボウルにマッシュポテトを入れ、②の野菜、③のハムを加えてまぜ合わせる。

アレンジ2

→ 豚ひきとポテトのグラタン

材料（1人分）

「マッシュポテト」（78ページ参照）	⅓量
豚ひき肉	100g
玉ねぎ	¼個（50g）
牛乳	大さじ3
A トマトケチャップ	大さじ1
A ウスターソース	小さじ1
A 塩、こしょう	各少々
バター	小さじ1
サラダ油	小さじ1

作り方

1. 玉ねぎはみじん切りにする。
2. フライパンにサラダ油を中火で熱し、ひき肉を入れて炒める。ポロポロになったら①の玉ねぎを加えて炒め、**A**を加えて炒め合わせる。 中火2分
3. 小さめのボウルにマッシュポテトを入れ、牛乳を加えてまぜ、ゆるめる。
4. 耐熱容器に②を入れ、③をかける。バターを小さくちぎってのせ、オーブントースターで10〜12分こんがりと焼く。

No. 3

味つけ卵

だしじょうゆにつけるだけ。
めんつゆにつけても

保存：冷蔵で７日

材料（作りやすい分量）

- 卵……4個
- A
  - だし……大さじ4
  - しょうゆ……大さじ2
  - みりん……大さじ1

POINT

ポリ袋保存なら
味のしみ方が均一に

保存するときは、容器ではなくポリ袋がおすすめ。つけ汁が全体に回り、味が均一にしみ込む。

作り方

1. なべに60度くらいの湯（指を入れてみて、熱くてすぐ引き上げる程度）、塩、酢各少々（分量外）、卵を入れて中火にかけ、煮立ったら弱火にして8分ほどゆでる。
   中火→弱火8分
2. 冷水にとり、殻をむいて水けをふく。
3. なべにAを入れ、中火にかけてひと煮立ちさせ、冷ます。
   中火
4. ポリ袋に③と②のゆで卵を入れ、つけ汁が全体に行き渡るようにし、口をとじる。

アレンジ1

→ 卵サンド

「味つけ卵」のだしじょうゆ味が
いいアクセントに

材料（1人分）

- 「味つけ卵」（左記参照）……2個
- 焼き豚（市販）……薄切り2枚（20g）
- にんじん……40g
- 食パン……（8枚切り）2枚
- マヨネーズ……大さじ1
- バター……大さじ½

作り方

1. ボウルに味つけ卵を入れ、フォークを押しつけて大きめにくずし、マヨネーズを加えてまぜる。
2. にんじんはスライサーでせん切りにする。
3. パンにバターを塗り、パン1枚に①の卵を広げてのせ、焼き豚、②のにんじんを重ね、もう1枚のパンをのせる。
4. オーブンシートにのせ、ギュッと押さえながら包み、両端をねじってしっかりとめてなじませる（時間があれば20～30分おくとよい）。
5. シートごと半分に切る。

chapter 4

種類別

野菜たっぷりのサブおかず28

キャベツ

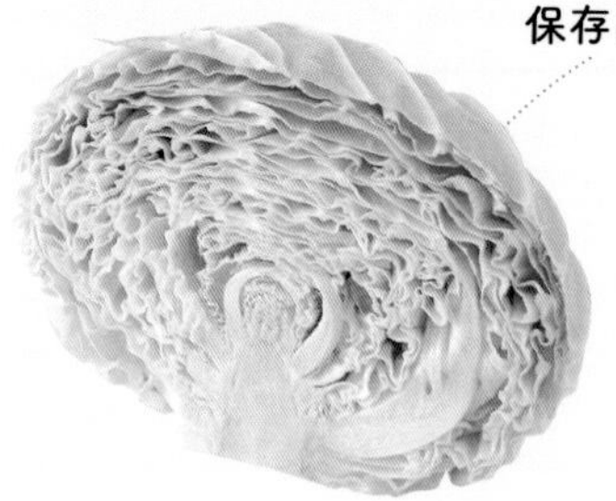

炒めもの、煮もの、サラダはもちろん、
つけ合わせなど幅広く使える

通年おいしく食べられますが、春はやわらかくてみずみずしく、冬は葉が厚くずっしりと重みがあります。サラダや漬けものでシャキシャキ食感を楽しんだり、やわらかく煮て甘みを引き出したりしても美味。ビタミンCが豊富で、整腸作用も期待できます。

扱いのコツ

葉は根元からはずす

葉をはがすときは、芯と軸の間に包丁を入れ、葉を持ち上げるようにして1枚ずつそっとはがす。

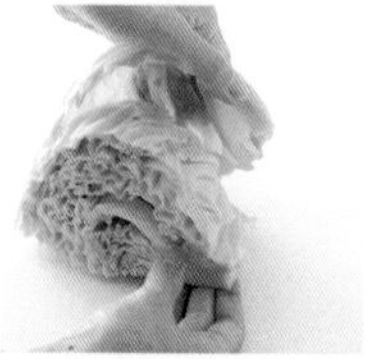

軸はそいでから刻む

葉の中央にある軸はかたいので、包丁でそぎとり、料理に合わせてせん切りやみじん切りなどにして使う。

キャベツのウスターソース炒め

材料（1人分）

キャベツ	100g
ウスターソース	大さじ½
塩	少々
サラダ油	小さじ1

作り方

1. キャベツはひと口大 → 141ページ に切る。
2. フライパンを中火にかけてサラダ油をひき、キャベツを炒める。油が回ったら、ソースを加えてよくまぜ、塩で味をととのえる。 中火3分

ゆでキャベツの中華風マリネ

材料（1人分）

キャベツ		80 g
A	ごま油	小さじ½
	塩、こしょう	各少々
	酢	小さじ1

作り方

1. キャベツは2～3cm角に切る。
2. なべに湯を沸かし、沸騰したらキャベツを入れ、湯にくぐらせる程度にさっとゆで、ざるに上げて湯をきる。 強火30秒
3. ボウルに入れ、熱いうちにAを順に加えてよくまぜる。

コールスロー

材料（1人分）

キャベツ		80g
玉ねぎ		20g
にんじん		10g
塩		小さじ¼
A	レモン汁	小さじ1
	マヨネーズ	大さじ2
	粒マスタード	小さじ2

作り方

1. キャベツは2～3mm幅の細切りにする。玉ねぎは薄切りに、にんじんはせん切りにする。
2. ボウルに入れて塩を振り、全体をまぜて30分ほどおく。手でもんでしんなりさせ、水けをギュッとしぼり、Aを加えてあえる。

ブロッコリー

**栄養価が高く、彩りにも大活躍。
残ったら、ゆでて冷凍しておくと便利**

ビタミンA・C・Eが豊富で、特にビタミンCはレモンの2倍近くも含まれるなど、栄養価満点の緑黄色野菜です。ゆでて使うことも多いですが、つぼみの部分は水分がたまりやすいので、水けをしっかりきることがおいしく食べるコツです。

扱いのコツ

小房に分ける

枝分かれしているつぼみの根元に包丁を入れ、房を切り離していく。房が大きいときは、軸に切り込みを入れて半分に裂けばよい。

茎のかたい部分をむく

茎はやわらかく甘みがあるので、捨てずに使うとよい。かたい部分を厚めに切り落とし、つぼみといっしょに使う。加熱は少し長めに。

ブロッコリーと豆のサラダ

材料（1人分）

- ブロッコリー …… ⅓個（80g）
- ひよこ豆（水煮缶※） …… 60g
- A
  - 玉ねぎのみじん切り …… 大さじ1
  - おろしにんにく …… 少々
  - レモン汁 …… 小さじ½
  - マヨネーズ …… 大さじ1
  - こしょう …… 少々

※蒸し煮缶を使ってもよい。

作り方

1. ブロッコリーは小房に分ける。なべにたっぷりの湯を沸かし、沸騰したら2分ほどゆで、ざるに上げて湯をきりながら冷ます。 強火2分
2. ひよこ豆は缶汁をきる。Aはまぜ合わせる。
3. ブロッコリーとひよこ豆を合わせ、Aであえる。

ブロッコリーのにんにく塩炒め

材料（1人分）

- ブロッコリー……1/3個（80g）
- にんにく……1/2かけ
- 塩……少々
- ごま油……大さじ1/2

作り方

1. ブロッコリーは小房に分ける。にんにくはつぶす→ 141ページ 。
2. フライパンにごま油、にんにくを入れて中火で熱し、ブロッコリーを2分ほど炒める。塩を振って湯大さじ2を加え、ふたをして1分ほど蒸し焼きにする。ブロッコリーの色が鮮やかになったらふたをとり、汁けがなくなるまで炒める。 中火3分

ブロッコリーと油揚げの煮びたし

材料（1人分）

- ブロッコリー……1/3個（80g）
- 油揚げ……1/2枚
- A
  - だし……1/2カップ（100mℓ）
  - みりん……小さじ1/2
  - しょうゆ……小さじ1/4
  - 塩……少々

作り方

1. ブロッコリーは小房に分ける。油揚げはひと口大→ 141ページ に切り、さっとゆでて油抜きをする。
2. なべにAを入れて中火にかけ、油揚げを加える。煮立ったら弱火にし、ふたをして3分ほど煮る。 中火→弱火3分
3. 中火にしてブロッコリーを加え、まぜながら2～3分煮る。 中火2～3分

白菜

**外側の葉は煮ものや炒めものに、
中心部分は生食にも**

煮るとかさが減るので、たくさん食べられます。中心部分は葉がやわらかく甘みがあり、生食にも向いています。選ぶときは、カットされたものは切り口をチェック。切り口が盛り上がっているものは鮮度が落ちているので避けましょう。

扱いのコツ

葉は株元からはずす

使うときは、株元に包丁を入れて切り落とし、1枚ずつ分けやすい状態にする。

葉と軸に分ける

白い軸の部分は厚みがあり、葉より火が通るのに時間がかかるので、軸と葉は分けておくとよい。中央部分で切り分ける。

白菜とハムのミルク煮

材料（1人分）

白菜	150g
ロースハム	2枚
おろしにんにく	少々
牛乳	½カップ（100mℓ）
オイスターソース	小さじ¼
塩、こしょう	各少々
かたくり粉	小さじ½
ごま油	大さじ½

作り方

1. 白菜は2～3cm角に切る。ハムは短冊切り→137ページにする。
2. フライパンを中火にかけてごま油をひき、白菜を炒める。しんなりしたら、にんにく、オイスターソースを加えてさっと炒め、牛乳を注いでハムを加える。ひと煮立ちしたら塩、こしょうで味をととのえ、かたくり粉を同量の水でといて加えまぜ、とろみをつける。 中火6分

ゆで白菜とちくわのからしあえ

材料（1人分）

白菜 ……… 80g
ちくわ ……… 1本
A ねりがらし ……… 小さじ½
しょうゆ ……… 小さじ1
みりん ……… 小さじ½
だし ……… 小さじ1

作り方

1. なべに湯を沸かし、沸騰したら白菜を入れてしんなりする程度にゆで、ざるに上げて冷ます。5cm長さの細切り→136ページにし、水けをしぼる。 強火2分
2. ちくわは縦半分に切って→141ページから斜め細切りにする。
3. ボウルにAを入れてまぜ、①、②を加えてあえる。

細切り白菜のツナマヨ添え

材料（1人分）

白菜 ……… 80g
ツナ缶（オイルづけ） ……… 小1缶（55g）
玉ねぎ ……… 20g
マヨネーズ ……… 大さじ2
こしょう ……… 少々
パセリのみじん切り ……… 少々

作り方

1. 白菜は葉と芯にざっくりと切り分け、4cm長さに切る。葉の部分は縦2～3mm幅に切り、芯の部分は縦薄切りにする。合わせて冷水に10分ほど放してパリッとさせ、水けをしっかりきる。
2. 玉ねぎはみじん切りにし、水に5分ほどさらし、水けをしぼる。
3. ツナは缶汁を軽くきってボウルに入れ、②、マヨネーズ、こしょうを加えてよくまぜる。
4. 器に①を盛って③をのせ、パセリを振る。

大根

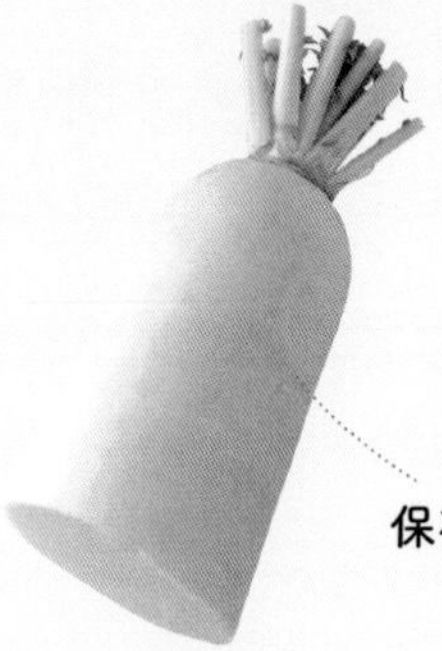

**上中下の部分で使い分けをすると
よりおいしく食べられる**

部分によって味が違うので、使い分けてみても。葉に近い上部は、辛みが少ないので大根おろしなどの生食に。中心部分は水分が多くてかたいため、煮ものや炒めものなどオールマイティーに。下部は辛みが強いので、みそ汁や漬けものに向いています。

扱いのコツ

葉は切り離す

葉がついていると大根自体の栄養が葉に吸収されていくので、買ってきたら葉はすぐに切り離す。

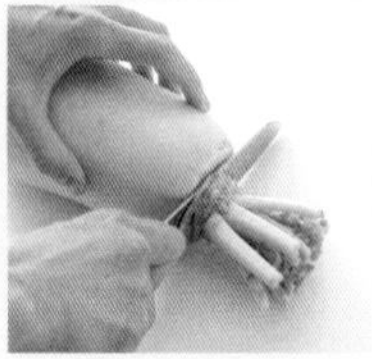

使う長さに切る

作り始める前に必要な分量を切り分けるが、長さを気にせずに切ってしまうと、でき上がりに影響が。まず長さを切ってから、重さに合わせる。

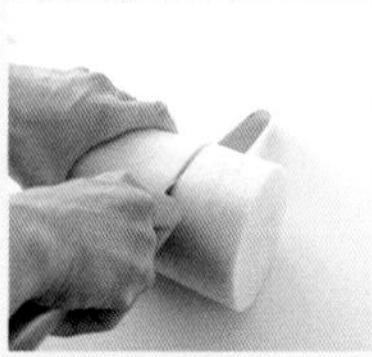

大根サラダ

削り節とごま油のうまみで
たっぷり食べられる

5分* 1人分 85 kcal

※冷水につける時間は含みません。

材料（1人分）

大根		100g
ラディッシュ		1個
A	しょうゆ	小さじ1
	酢	大さじ1
	こしょう	少々
	ごま油	大さじ½
削り節		適量

作り方

1. 大根は繊維に沿って→141ページせん切りにし、冷水につけて7～8分おく。
2. ラディッシュは葉をとって薄い輪切りにし、①と別の冷水につけて7～8分おく。
3. ①と②がパリッとしたら水けをよくきり、器に盛り合わせて削り節をのせる。Aをよくまぜ合わせ、食べる直前にかける。

大根の炒め煮

材料（1人分）

大根	100g
砂糖	小さじ¼
しょうゆ	小さじ1
ごま油	小さじ1
湯	大さじ3
七味とうがらし	少々

作り方

① 大根は厚めの短冊切り→ 137ページ にする。

② フライパンを中火にかけてごま油をひき、大根を炒める。透き通ったら砂糖、しょうゆを加えてさっと炒め合わせ、湯を加える。汁けがなくなるまで煮て、七味とうがらしを振る。 中火5分

大根とソーセージのピクルス

※つけ汁につける時間は含みません。

材料（1人分）

大根		120g
ウインナソーセージ		2本
A	水	½カップ（100㎖）
	酢	¼カップ（50㎖）
	砂糖	小さじ½
	塩	少々
	ローリエ	½枚

作り方

① ポリ袋にAを入れてまぜる。

② 大根は小さめの乱切り→ 137ページ にし、ソーセージは7～8㎜厚さの輪切りにする。

③ なべに湯を沸かし、沸騰したら②を入れて1分ほどゆでる。ざるに上げて湯をしっかりきり、①に加える。全体がつけ汁につかるように袋の口をとじ、40～50分おく。 強火1分

青菜（ほうれんそう、小松菜）

保存は冷蔵で

ビタミンのほかにカルシウムや鉄分も豊富
冬には甘みが増しておいしさもアップ

ほうれんそう、小松菜などの青菜は、ビタミンC・E・K、カロテンなどが豊富な緑黄色野菜で、旬の冬は特に栄養が充実しています。しんなりしやすいので、すぐに使わないときは、ぬらしたキッチンペーパーを根元に巻いて保存を。

扱いのコツ

根は先端だけ切り落とす

根元は先端のかたい部分だけを切り落とせば、おいしく食べられる。

切り込みを入れる

根元の部分は茎に比べるとかたいので、火通りをよくするために、十文字に切り込みを入れる。根元にたまっている汚れなども落ちやすくなる。

ほうれんそうのおひたし

食感よく、手早くゆでるのが
おいしさのコツ

10分　1人分 45kcal

材料（1人分）

ほうれんそう		100g
A	しょうゆ	大さじ½
	だし	大さじ½
B	しょうゆ	小さじ1弱
	みりん	小さじ1弱
	だし	大さじ½
削り節		適量

作り方

1. ほうれんそうは根の先端を切り落とし、下部が太いものは根元に十文字の切り込みを入れる。
2. なべにたっぷりの湯を沸かし、沸騰したら①を根元から入れてさっとゆでる。すぐに冷水にとり、根元をそろえて水けをきつくしぼる。　強火1分
3. Aを振って軽くしぼり、5cm長さに切ってBであえる。器に盛り、削り節をのせる。

3色ナムル

材料（1人分）

ほうれんそう（冷凍）		100g
にんじん		⅓本（50g）
えのきだけ		50g
A	ごま油	小さじ1
	塩	少々
	こしょう	少々
	砂糖	少々
いり白ごま		少々

作り方

1. ほうれんそうは凍ったまま耐熱容器に広げ入れ、ラップをかけずに電子レンジで2分30分加熱する。Aはまぜ合わせる。
2. にんじんはスライサーで細切りにする。えのきは根元を切り落とし、長さを半分に切る。それぞれラップで包み、いっしょに電子レンジで1分30秒加熱する。
3. ①のほうれんそうをボウルに入れ、Aの⅓量を加えてあえる。②を同様に残りのAであえる。器に盛り、ごまを振る。

小松菜とザーサイの炒めもの

材料（1人分）

小松菜	⅛束
ザーサイ（味つき）	15 g
酒	小さじ½
塩、こしょう	各少々
ごま油	小さじ½

作り方

1. ザーサイは食べやすい大きさに切る。小松菜は4～5cm長さに切る。
2. フライパンを強火にかけてごま油をひき、①を炒め合わせる。 強火2分
3. しんなりしたら酒を振ってさっと炒め、塩、こしょうで調味する。 強火30秒

じゃがいも

品種や加熱方法の違いで
食感を多彩に楽しめる

ほくほく食感の男爵、ねっとりとして煮くずれしにくいメークインが代表的。料理によって使い分けるのもおすすめです。ビタミンCやカリウムが豊富で、特にビタミンCはでんぷん質に包まれているので、加熱しても損失が少ないのが魅力です。

扱いのコツ

皮をたわしで洗う

土がついたまま皮をむくと、じゃがいもに土がついて調理がしにくいので、あらかじめたわしでこすって汚れをきれいに落とす。

水にさらす

でんぷん質が多いので、料理がもったりとした舌ざわりになることも。切ってから水にさらし、でんぷん質を落とすと、もったりしにくい。

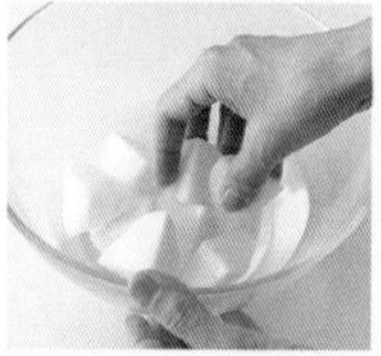

タラモ風サラダ

たらこのほどよい塩けと
レモンのさわやか風味が好相性

10分 ｜ 1人分 283 kcal

材料（1人分）

じゃがいも	1個（150g）
玉ねぎ	20g
たらこ	40g
A おろしにんにく	少々
A レモン汁	大さじ½
A こしょう	少々
オリーブ油	大さじ1

作り方

1. じゃがいもはよく洗い、皮ごとラップでふんわりと包み、電子レンジで4分～4分30秒加熱する。
2. 玉ねぎはみじん切りにし、水に5分ほどさらし、水けをしぼる。たらこは薄皮をとり除く。
3. ①のあら熱がとれたら皮をむいてボウルに入れ、フォークでつぶす。②を加えてまぜ、Aを加えてさらにまぜる。オリーブ油を少しずつ加えてよくまぜ、器に盛り、あればパセリを添える。

じゃがいもの酢のもの

材料（1人分）

じゃがいも……1個（150g）
A 酢……大さじ1
　しょうゆ……大さじ½
　だし……大さじ½
青じそ……1枚

作り方

① じゃがいもは薄い輪切りにしてからせん切りにし、たっぷりの水に7〜8分さらし、水けをきる。青じそは軸を切り落としてせん切りにする。

② なべにたっぷりの湯を沸かし、沸騰したら①のじゃがいもを入れて色が変わる程度にさっとゆでる。ざるに上げ、すぐに水にとって手早く冷まし、水けをきる。　強火2分

③ Aをまぜ合わせて②をあえ、器に盛って青じそをのせる。

じゃがいものカレー炒め

材料（1人分）

じゃがいも……1個（150g）
カレー粉……小さじ¼
塩……少々
サラダ油……小さじ1弱

作り方

① じゃがいもは少し厚めの輪切りにしてから細切りにし、たっぷりの水に7〜8分さらし、水けをきる。さらにふきんに包んで軽く振り、水けをしっかりきる。

② フライパンを中火にかけてサラダ油をひき、①を炒める。焼き色がついたらカレー粉を振り、色むらがないようによく炒め、塩で調味する。　中火4分

ピーマン

保存は冷蔵で

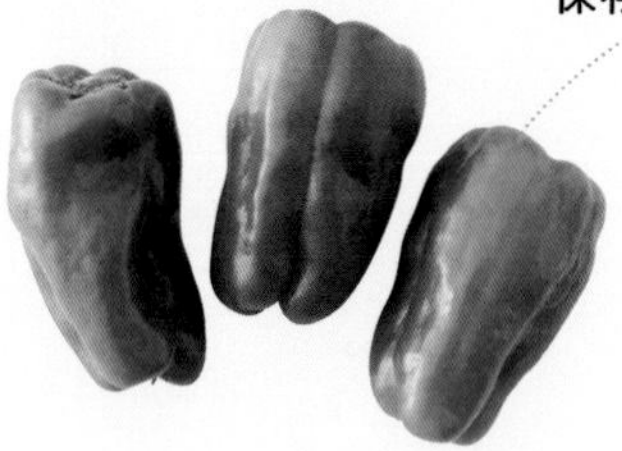

炒めものには欠かせない野菜。油と合わせて栄養の吸収率をアップ

ビタミンC・E、カロテンなどが豊富。脂溶性のカロテンは、油と合わせると吸収率が上がるので、油を使った調理がおすすめです。ほのかな苦みが魅力ですが、苦手な場合は、しっかり加熱すると甘みが出て食べやすくなります。

扱いのコツ

へたを切り落とす

へたのある部分を3㎜ほど輪切りにして切り落とす。

種をとる

縦半分に切り、種の部分を手で持ち、わたからはずすようにしてむしりとる。

ピーマンのこしょうあえ

材料（1人分）

ピーマン	2～3個
焼き豚（市販）	30g
塩、こしょう	各少々
ごま油	少々

作り方

1. ピーマンはへたを切り落として縦半分に切り、種をとって縦7～8㎜幅に切る。
2. 焼き豚はピーマンに合わせて細切りにする。
3. なべに湯を沸かし、沸騰したら①をさっとゆでて湯をきる。 強火30秒
4. 熱いうちに②と合わせ、塩、こしょう、ごま油であえる。

ピーマンの焼きびたし

辛みをきかせた
だしじょうゆにつけて

8分　1人分 51 kcal

材料（1人分）

ピーマン	3個
赤とうがらし	1本
A　だし	大さじ2
みりん	大さじ½
しょうゆ	大さじ½

作り方

1. ピーマンはへたを切り落として四つ割りにし、種をとる。
2. 魚焼きグリルを中火で熱して①を並べ、しんなりする程度に4〜5分焼く。
   中火4〜5分
3. ボウルにAを入れてまぜ、赤とうがらしを半分にちぎって加え、②をひたす。

じゃこピーマン炒め

じゃこの香ばしさで
ピーマンの苦みがやわらいで

10分*　1人分 141 kcal

材料（1人分）

ピーマン	3個
ちりめんじゃこ	5g
塩	少々
ごま油	大さじ1
湯	大さじ1

作り方

1. ピーマンはへたを切り落として縦半分に切り、種をとって斜め1cm幅に切る。
2. フライパンを中火にかけてごま油をひき、じゃこを炒める。カリッとしたら①を加えて炒め、油がなじんだら塩を振る。湯を加え、水分がなくなるまで炒める。
   中火2分

なす

**淡泊なだけに濃い味とも相性がよく、
シンプルにさっぱりと食べてもおいしい**

淡泊でクセがなく、油と好相性。炒めもの、揚げものはもちろん、焼いても蒸しても美味。皮の紫色はアントシアニン系の色素で、ナスニンと呼ばれるポリフェノールの一種で抗酸化作用があります。色素の効果を期待するなら、皮をむかずに使いましょう。

扱いのコツ

へたは先端だけを切る

へたは上からわずかな部分。切り落としすぎないように気をつけて。へたを落としたら、ひらひらしたがくは手でむいて。

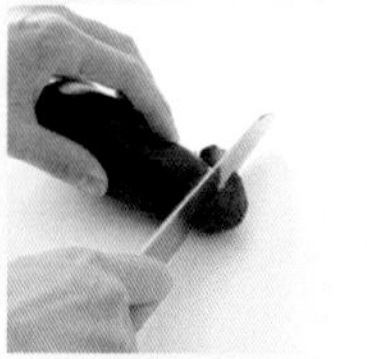

縞目に皮をむく

炒めもの、蒸しもの、煮ものなど、いろいろな調理法で使われるむき方。ピーラーを使って1～1.5cm間隔で縦に皮をむく。

焼きなす

材料（1人分）

なす	3個
だし	大さじ1
しょうゆ	小さじ1
削り節	少々

作り方

1. なすはへたを切り落としてがくをむき、全体を竹ぐしで数カ所刺す。
2. 魚焼きグリルを中火で熱して①を並べ、全体が焦げるくらいに10～12分焼く。
中火10～12分
3. 冷水にくぐらせ、へたがあったほうから皮をむき、ひと口大→141ページに切る。
4. 器に盛り、だしとしょうゆをまぜてかけ、削り節をのせる。

なすのみそ炒め

ごま油香るピリ辛みそ味で
ごはんがすすむ！

10分　1人分 176kcal

材料（1人分）

なす		2〜3個
赤とうがらし		½本
A	だし	大さじ1⅔
	酒	大さじ1
	砂糖	大さじ1
	みそ	大さじ1
ごま油		大さじ½

作り方

1. なすはへたを切り落としてがくをむき、皮を縞目にむいて乱切り→137ページにする。
2. 赤とうがらしは種をとり、2〜3等分にちぎる。
3. Aはみそをだしでときのばし、残りの調味料を加えてまぜる。
4. フライパンを中火にかけてごま油をひき、①と②を炒める。なすに焼き色がついたら③を加え、汁けがなくなるまで炒める。

中火5分

簡単蒸しなす

電子レンジでチンするだけの
お手軽メニュー

10分*　1人分 40kcal

※冷ます時間は含みません。

材料（1人分）

なす		2個
おろししょうが		½かけ分
A	だし	大さじ½
	しょうゆ	大さじ½
	みりん	小さじ1弱

作り方

1. なすはへたを切り落としてがくをむき、皮を縞目にむく。ラップで包んで電子レンジで2分30秒〜3分加熱し、ラップをしたまま冷めるまでおく。
2. ラップをはずして2cm厚さの輪切りにし、器に盛る。しょうがをのせ、Aをまぜ合わせてかける。

アスパラのおかかあえ

材料（1人分）

グリーンアスパラガス……80g

A
- しょうゆ……小さじ1弱
- だし……大さじ½
- みりん……小さじ1弱

削り節……適量

作り方

1. アスパラは根元のかたい部分を1〜2cm切り落とし、長さを半分に切ってから縦半分に切る→ 141ページ。
2. Aはまぜ合わせる。
3. なべに湯を中火で沸かし、沸騰したら①をさっとゆで、ざるに上げて湯をきり、あたたかいうちに②であえて味をなじませる。 中火
4. 器に盛り、削り節を振る。

アスパラのごまあえ

材料（1人分）

グリーンアスパラガス……5本

A
- しょうゆ……小さじ1弱
- みりん……小さじ1弱
- だし……大さじ½

切り白ごま……5g

作り方

1. アスパラは根元のかたい部分を1〜2cm切り落とす。
2. オーブントースターまたは魚焼きグリルを熱して①を並べ入れ、転がしながら焼き、焼き色がついたら4〜5cm長さに切る。
3. Aを合わせてごまを加え、よくまぜ合わせて②をあえる。

＊切りごまは、炒ったごまを乾いたふきんの上でざくざくと切ったもの。
半ずりのごまを利用しても。

かぼちゃの含め煮

だしとしょうゆだけでできる
“おふくろの味”

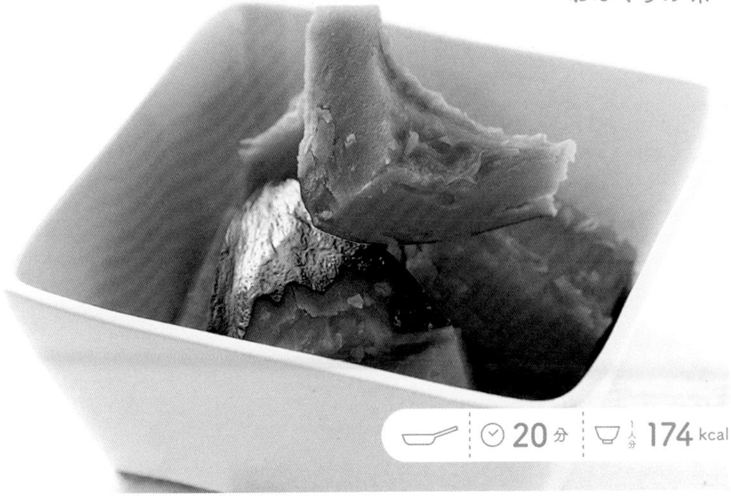

20分　1人分 174kcal

材料（1人分）

- かぼちゃ……200g
- だし……1カップ
- しょうゆ……大さじ½

作り方

1. かぼちゃはスプーンで種とわたをくりぬき、切り口を下にして安定よくおき、ところどころ皮を削るようにしてむきとり、4～5cm角に切る。
2. フライパンにだし、しょうゆを入れて中火で煮立て、①を並べて落としぶた→135ページをし、フライパンのふたをして煮る。　中火
3. 再び煮立ったら弱火にし、かぼちゃがやわらかくなるまで15分ほど煮る。　中火→弱火15分

かぼちゃのヨーグルトサラダ

デパ地下の人気デリサラダを
簡単に手作り！

20分　1人分 119kcal

材料（1人分）

- かぼちゃ……100g
- A 塩、こしょう……各少々
- A 砂糖……小さじ½
- プレーンヨーグルト……50g
- アーモンドスライス……少々

作り方

1. かぼちゃはスプーンで種とわたをくりぬき、切り口を下にして安定よくおき、ところどころ皮を削るようにしてむきとり、ひと口大→141ページに切る。
2. なべに湯を中火で沸かし、沸騰したら①をやわらかくゆで、ざるに上げて湯をきり、熱いうちにAで下味をつけて冷ます。　中火12分
3. ヨーグルトであえ、器に盛ってアーモンドを散らす。

＊下味にナツメグ（甘い香りの香辛料）少々を加えると風味がよくなる。

パパッとおいしい！ 汁もの＆スープ8

汁もの

豆腐とわかめのみそ汁

材料（1人分）

- 木綿豆腐……50g
- カットわかめ……2g
- ねぎ……10cm
- だし……¾カップ（150mℓ）
- みそ……大さじ½

作り方

1. わかめは水でもどし、水けをきる。豆腐は1cm角に切り、ねぎは小口切り→137ページにする。
2. なべにだしを入れて中火にかけ、煮立ったらわかめ、豆腐、ねぎを加える。再び煮立ったらみそをとき入れ、煮立つ直前に火を止める。 中火2分30秒→止める

大根とにんじんのみそ汁

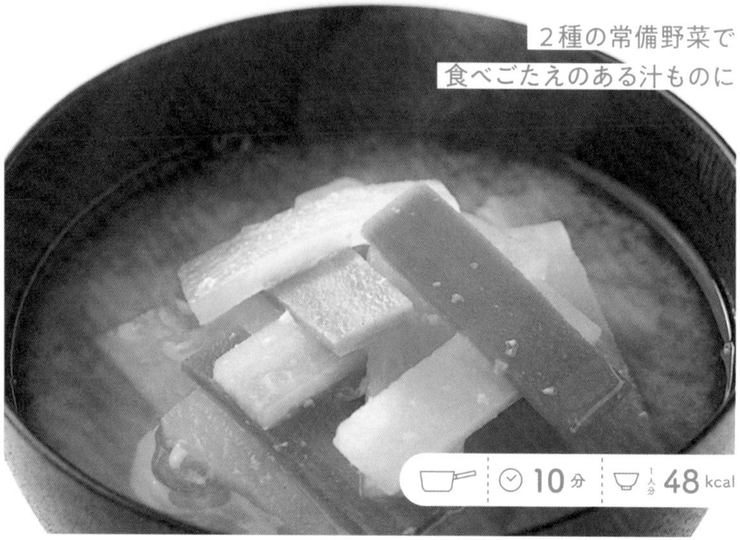

材料（1人分）

- 大根……50g
- にんじん……¼本
- だし……¾カップ（150mℓ）
- みそ……大さじ½

作り方

1. 大根、にんじんは3cm長さ・1cm幅の短冊切り→137ページにする。
2. なべにだしを入れて中火にかけ、煮立ったら①を加えてやわらかく煮る。 中火3分
3. みそを②のだしでときのばして加え、煮立つ直前に火を止める。

小松菜と麩のみそ汁

材料（1人分）

- 小松菜 …… 50g
- 麩 …… 5g
- だし …… ¾カップ（150mℓ）
- みそ …… 小さじ1.5

作り方

1. 小松菜は3〜4cm長さに切る。麩は水につけてもどし、水けをしぼる。
2. なべにだしを入れて中火にかけ、煮立ったら①を加えてさっと煮る。 中火2分
3. みそを②のだしでときのばして加え、煮立つ直前に火を止める。 中火→止める

しらすの梅すまし汁

材料（1人分）

- しらす干し …… 大さじ1
- 梅干し …… 1個
- 貝割れ菜 …… 少々
- しょうゆ …… 少々
- 熱湯 …… ¾カップ（150mℓ）

作り方

1. 貝割れ菜は根元を切り落とす。
2. 器にしらす、梅干し、①、しょうゆを入れ、熱湯を注ぐ。

にらとねぎのスープ

材料（1人分）

- にら …… ¼束
- ねぎ …… ¼本
- A 固形スープ …… ½個
- 　湯 …… ¾カップ（150mℓ）
- 塩、こしょう …… 各少々

作り方

1. にらは3～4cm長さに切る。ねぎは斜め薄切りにする。
2. なべにAを入れて固形スープを中火で煮とかし、①を加えてさっと煮る。　中火1分
3. しんなりしたら、塩、こしょうで味をととのえる。

かぼちゃとベーコンのスープ

材料（1人分）

- かぼちゃ …… 80g
- ベーコン …… 1枚
- A 固形スープ …… ¼個
- 　湯 …… 3/4カップ（150mℓ）
- 塩、こしょう …… 各少々

作り方

1. かぼちゃはスプーンでわたと種をくりぬき、皮つきのまま5～6mm厚さのひと口大 → 141ページ に切る。ベーコンは2cm幅に切る。
2. なべにAを入れて固形スープを中火で煮とかし、①を加えて煮る。　中火7分
3. かぼちゃがやわらかくなったら、塩、こしょうで味をととのえる。

マッシュルームのミルクスープ

まろやかでコクのあるスープで
体もぽかぽか

10分　1人分 70kcal

材料（1人分）

- マッシュルーム……4個
- ねぎ……½本
- 牛乳……¼カップ（50mℓ）
- A 固形スープ……¼個
- 　湯……½カップ（100mℓ）
- 塩、こしょう……各少々
- サラダ油……小さじ½

作り方

1. マッシュルームは石づきをとって→140ページ 汚れをさっと洗い流し、5㎜厚さに切る。ねぎは2㎝長さに切る。
2. なべを中火にかけ、サラダ油をひいて熱し、①を炒める。しんなりしたらAを加えて3〜4分煮て、固形スープを煮とかす。あればローリエ→28ページ ½枚を加える。　中火8分
3. 牛乳を加え、軽く煮立ったら、塩、こしょうで味をととのえる。

豚肉ときゅうりのキムチスープ

キムチのうまみがとけ込む
あっさりスープ

15分　1人分 86kcal

材料（1人分）

- 豚もも薄切り肉……25g
- きゅうり……¼本
- 白菜キムチ（汁ごと）……約50g
- A 固形スープ……¼個
- 　湯……¾カップ（150mℓ）
- 　酒……大さじ½
- 塩、こしょう……各少々

作り方

1. 豚肉は2㎝幅に切る。きゅうりは縞目に皮をむき、縦半分に切ってから斜め薄切りにする。キムチは食べやすく切る。
2. なべにAを入れて中火にかけ、固形スープをとかす。煮立ったら①の豚肉を加えて火が通るまで煮て、アクをとる。　中火3分
3. ①のキムチ、きゅうりを加えてひと煮立ちさせ、塩、こしょうで味をととのえる。　中火2分

お酒にもよく合う！ 10分おつまみ

トマト、オリーブ、チーズのあえもの

材料（1人分）

トマト……1個（200g）
ブラックオリーブ……4個
モッツァレラチーズ……50g
A｜塩、こしょう……各少々
｜オリーブ油……大さじ½

作り方

① トマトはへたと種を除き、1cm角に切る。オリーブは横半分→141ページに、チーズは1cm角に切る。

② ①をAであえる。

焼き油揚げと三つ葉のおかかあえ

材料（1人分）

油揚げ……1枚
三つ葉……⅓束
削り節……1パック（5g）
しょうゆ……大さじ½

作り方

① 油揚げは熱湯をかけて油抜きし、水けをふく。フライパンまたは魚焼きグリルで両面をこんがりと焼き、短い辺を半分に切ってから細切りにする。

② 三つ葉は2～3cm長さに切る。

③ ①と②を合わせてしょうゆを振り、削り節を加えてあえる。

ささ身のキムチマヨ焼き

材料（1人分）

- 鶏ささ身（筋なし）……3本
- 白菜キムチ……30g
- マヨネーズ……大さじ2
- 塩、こしょう……各少々
- サラダ油……大さじ½

作り方

1. キムチはこまかく刻んでマヨネーズとまぜる。
2. ささ身はひと口大のそぎ切り → 137ページ にし、両面に塩、こしょうで下味をつける。
3. フライパンを中火にかけてサラダ油をひき、②を並べ入れて両面を焼く。中まで火が通ったら、肉の上に①をたれないようにのせ、ふたをして30～40秒蒸し焼きにする。 中火6分

鶏肉のサテ風

材料（1人分）

- 鶏もも肉……1枚（250g）
- A しょうゆ……大さじ½
- A カレー粉……小さじ1
- A トマトケチャップ……大さじ1
- サラダ油……大さじ1

作り方

1. 鶏肉は2～3㎝角に切り、Aを加えて手でもみ込む。
2. フライパンを中火にかけてサラダ油をひき、①を並べ入れて両面をこんがりと焼き、中まで火を通す。 中火8分
3. 焼き上がったら、竹ぐしに刺す。

クリームチーズと万能ねぎの揚げ春巻き

材料（1人分）

クリームチーズ……80g
万能ねぎ……6本
春巻きの皮……小8枚
小麦粉……少々
サラダ油……適量

作り方

① クリームチーズは細長く8等分に切る。万能ねぎは10㎝長さに切る。

② 春巻きの皮を広げ、周囲に水少々でといた小麦粉を塗り、手前に①を⅛量ずつのせてクルクルと巻き、両端を指でつまんでしっかりはり合わせる。

③ フライパンを中火にかけてサラダ油を1㎝深さほど入れ、②を転がしながら全体がこんがり色づくまで揚げ焼きにする。
中火5分

刺し身の薬味あえ

材料（1人分）

たいの刺し身……12切れ
ねぎ……½本
しょうが……1かけ
A 塩、こしょう……各少々
　ごま油……小さじ1

作り方

① ねぎは縦半分に切ってから斜め薄切りにし、水にさらして辛みを抜き、水けをよくきる。しょうがはみじん切りにする。

② 刺し身と①を合わせ、Aであえる。

chapter 5

1品でも満足！

ごはん・めんメニュー14

ツナとレタスのクリームパスタ

あえるだけで味がしっかり決まる

超簡単サラスパ

10分 1人分 729 kcal

カット野菜
このまま使える。

クリームチーズ
カットしてあるタイプが便利。

材料（1人分）

スパゲッティ……80g
ツナ缶（オイルづけ）……1缶（70g）
カット野菜（サラダ用レタスミックス）……1袋（75g）
クリームチーズ……3個（18g×3）
塩、こしょう……各少々

湯1ℓに対して
塩大さじ½が目安！

①

ゆでる

なべにたっぷりの湯を沸かして塩（分量外）を加え、沸騰したらスパゲッティをばらして入れる。ときどきまぜ、袋の表示時間を目安にゆでる。

強火

②

確認する

袋の表示時間より早めに1本とり出して確認する。指で折ってみて、細い筋が1本残るくらいがアルデンテ。

③

具をまぜる

大きなボウルにクリームチーズを入れ、ツナを缶汁ごと加える。塩、こしょうを振り、ゴムべらでツナをつぶすようなめらかになるまでまぜる。

熱いうちならチーズが
やわらかくなり、まぜやすい

④

加える

②のスパゲッティのゆでかげんを確認したら、ざるに上げて湯をきり、③に加えてまぜる。

⑤

あえる

全体がほぼまざったらカット野菜を加え、ざっくりとあえる。

料理
POINT

クリームチーズは室温においてやわらかくしておくとまぜやすい。

スパゲッティ ボンゴレ

にんにくと白ワインの香りで
本格味！

*あさりの砂出し時間は含みません

材料（1人分）

- スパゲッティ …… 80g
- あさり（殻つき） …… 200g
- にんにく …… ½かけ
- 白ワイン …… 大さじ1
- 塩、こしょう …… 各少々
- オリーブ油 …… 大さじ½
- パセリのあらいみじん切り …… 少々

作り方

① **砂出し**
あさりはバットなどに入れ、ひたひた →140ページ の塩水（水1カップ〈200mℓ〉に塩小さじ1〈分量外〉の割合）を加え、アルミホイルなどでふたをして冷蔵庫に半日おき、砂を吐かせる →65ページ。殻と殻をこすり合わせて洗い、水けをきる。

② **切る**
にんにくはみじん切りにする。

③ **ゆでる**
スパゲッティをゆでる →109ページ。

④ **炒める**
弱火2分→中火5分
フライパンを弱火にかけてオリーブ油をひき、②のにんにくを炒める。香りが立ったら①のあさりを加えて中火にし、1〜2分炒めてワインを加え、ふたをする。フライパンをときどき揺すり、あさりに火を通す。

⑤ **炒める**
中火1分
あさりの口があいたら③のスパゲッティを加えてまぜ合わせ、塩、こしょうで調味する。器に盛り、パセリを散らす。

料理POINT
あさりの身のやわらかさをキープするため、火を通しすぎないように。

ソーセージとアスパラのパスタ

大きな具が豪快。
アスパラをゆでブロッコリーにかえても

10分　1人分 700kcal

材料（1人分）

スパゲッティ	80g
ウインナソーセージ	3本（100g）
グリーンアスパラガス	5本
塩	適量
こしょう	少々
サラダ油	大さじ1½

作り方

1. **ゆでる**　スパゲッティをゆでる →109ページ。
2. **切る**　アスパラは根元のかたい部分を切り落とし、長さを半分に切る。ソーセージは斜めに5～6本の切り目を入れる。
3. **炒める**（中火1分）　フライパンを中火にかけ、サラダ油をひいて熱し、②のソーセージを炒める。
4. （中火1分）　ソーセージの切り目が開いてきたら②のアスパラを加え、色が鮮やかになるまで炒め合わせる。
5. **味つけ**　①のスパゲッティがゆで上がったらざるに上げて湯をきり、④に加えてまぜ、塩、こしょうで味をととのえる。

料理POINT

ゆでたスパゲッティを加えたら、ひとまぜしてから火を止めて。

煮込みうどん

鶏肉のうまみたっぷりのつゆで
グツグツ煮込んで

15分　1人分 525kcal

材料（1人分）

うどん（冷凍）		1玉
鶏もも肉		½枚（100g）
水菜		100g
A	だし	1¾カップ（350㎖）
	酒	大さじ1
	塩	少々
	みりん	大さじ½
	しょうゆ	小さじ1弱

作り方

① **切る**
鶏肉はひと口大→ 141ページに切り、水菜は5～6cm長さに切る。

② **煮る** 中火10分
なべにAを入れて中火で煮立て、①の鶏肉をひと切れずつ入れて7～8分煮る。

③ 中火4分
うどんを凍ったまま加え、ほぐれて熱々になるまで煮込み、①の水菜を加えてひと煮する。

POINT

冷凍うどんはそのまま煮てもOK

冷凍うどんは凍ったまま煮立った煮汁に入れる。ゆでうどんの場合は、熱湯にくぐらせてぬめりをとり、湯をきって入れる。

料理POINT　**うどんの煮込みかげんはお好みで。**

卵とじにゅうめん

あたたかいそうめんとふわふわ卵は
おそい夕食にも最適

10分　1人分 474 kcal

材料（1人分）

そうめん	75g	A	だし	1½カップ（300mℓ）
とき卵	½個分		塩	少々
油揚げ	1枚		みりん	大さじ½
ねぎ	1本		しょうゆ	小さじ1

作り方

① **油抜き**　油揚げはざるに入れて熱湯を回しかけ、油抜き→140ページをする。湯をよくきり、ひと口大の角切りにする。

② **切る**　ねぎは3cm長さに切る。

③ **煮る**　強火2分　なべにたっぷりの湯を沸かし、沸騰したらそうめんをパラパラとほぐし入れて大きくまぜ、ややかためにゆでる。ざるに上げ、すぐに流水をあてて冷まし、軽くもんで洗い、水けをよくきる。

④ **煮る**　中火4～5分　なべにAを入れて煮立て、①の油揚げと②のねぎを加えて中火で4～5分煮る。

⑤ 中火30秒→止める　③のそうめんを加えてひと煮し、とき卵を回し入れて火を止める。

料理POINT

そうめんは煮汁で煮るので、かためにゆでます。とき卵は、煮立っているところに入れて。

ピーマンと牛肉の焼きそば

こんがり香ばしく炒めるのがおいしさの秘訣

15分　1人分 706kcal

材料（1人分）

- 中華蒸しめん……1玉
- ピーマン……3個
- 牛こまぎれ肉……100g
- A　しょうゆ……小さじ1
- 　　酒……小さじ1
- 酒……大さじ1
- 塩、こしょう……各少々
- サラダ油……大さじ1

POINT

中華蒸しめんは事前にレンチン！

中華蒸しめんは冷たいままだとほぐれにくいので、事前に電子レンジであたためる。または熱湯をかけてほぐす。

作り方

① **ほぐす**　めんは耐熱ボウルに入れてラップをふんわりとかけ、電子レンジで1～2分加熱してほぐしやすくする。

② **下味**　牛肉はAを振って手でもみ込み、下味をつける。

③ **切る**　ピーマンはへたを切り落として縦半分に切り、種をとって斜め1cm幅に切る。

④ **炒める**（中火2分）　フライパンを中火にかけ、サラダ油をひいて熱し、②の牛肉をほぐしながら炒める。

⑤（強火5分）　肉に火が通ったら①のめんを加え、ほぐしながら炒める。こんがりと焼き色がついたら③のピーマンを加えて炒め合わせ、酒を振り、塩、こしょうで味をととのえる。

料理POINT

めんを炒めるときは、まぜすぎないこと。ほぐしながら焼きつけるイメージで。

ジャージャーめん

ザーサイを使って
食感のよさとほどよい辛みをプラス

15分　1人分 739kcal

材料（1人分）

- 中華生めん……1玉
- 豚ひき肉……100g
- にんにく……½かけ
- 味つきザーサイ……20g
- A
  - 甜麺醤《テンメンジャン》……大さじ2
  - オイスターソース　小さじ1
  - 湯……¼カップ（50mℓ）
- ごま油……大さじ½
- きゅうり……⅓本

作り方

① **切る**
にんにくはみじん切り、ザーサイはあらみじんに切る。きゅうりは斜め薄切りにしてから細切りにする。

② **炒める**
弱火２分→中火３分
フライパンを弱火にかけてごま油をひき、①のにんにくを炒める。香りが立ったら中火にし、ひき肉を炒める。肉の色が変わったら、①のザーサイを加えてさっと炒め、Aを加えてよくまぜ、汁けがなくなるまで煮る。

③ **ゆでる**
なべに湯を沸かし、沸騰したらめんをほぐし入れ、袋の表示時間どおりにゆでる。湯をきり、冷水で洗ってぬめりをとり、水けをとる。

④ **盛りつけ**
器に③のめんを盛り、②の肉みそをのせて①のきゅうりを添える。

POINT

ザーサイを使えば
味つけが即決まる！

肉みそに味つきザーサイを加えれば、味が決まりやすく、調味料の数も減らせておすすめ。

料理POINT
めんは洗ったらキッチンペーパーやふきんでしっかりと水けをとっておきましょう。

親子丼

卵は半熟に火を通して
お店のような味を手軽に

10分 ｜ 1人分 620 kcal

材料（1人分）

鶏胸肉		½枚（120g）
玉ねぎ		½個（100g）
卵		1個
A	だし	½カップ（100mℓ）
	しょうゆ	大さじ1
	砂糖	小さじ1
あたたかいごはん		150g（茶わん1杯分）

作り方

① **切る**
鶏肉はひと口大のそぎ切り→137ページにする。玉ねぎは繊維に沿って5〜6mm厚さに切る。

② **煮る** 中火6分
なべにAを入れて中火にかけ、①の玉ねぎを透き通るまで煮る。①の鶏肉をひと切れずつ加え、ふたをして2〜3分煮る。

③ 弱火1〜6分
鶏肉に火が通ったら、ときほぐした卵を回し入れ、すぐにふたをして弱火にし、好みのかげんに火を通す。

④ **盛りつけ**
器にごはんを盛り、熱々の③をのせる。あれば三つ葉を食べやすく切って飾る。

料理POINT
とき卵は煮汁がしっかり煮立っていることを確認してから入れて。

牛丼

ボリューム満点！
倍量で作って冷凍しておいても便利！

10分　1人分 617kcal

材料（1人分）

牛こまぎれ肉 …… 50g
玉ねぎ …… ¼個（50g）
三つ葉 …… ¼束
A　だし …… ⅓カップ（67mℓ）
　しょうゆ …… 大さじ1
　みりん …… 大さじ1
あたたかいごはん …… 150g（茶わん1杯分）

作り方

① **切る**　玉ねぎは7～8mm厚さのくし形切り →137ページ にする。三つ葉は3cm長さに切る。

② **煮る**　中火2分　なべにAを入れて中火にかけ、煮立ったら①の玉ねぎを加えて再び煮立て、牛肉を加えてアクをとる。

③ 中火3分30秒～4分30秒　3～4分煮て火を通し、①の三つ葉を加えてひと煮する。

④ **盛りつけ**　器にごはんを盛り、③をのせる。

料理POINT
玉ねぎを入れたら、煮立つのを待ってから牛肉を加えること。

さばとごぼうの柳川丼

うまみたっぷりのさばと根菜を
ふんわり卵で包んで

15分　1人分 786kcal

材料（1人分）

- さば水煮缶 …… 1缶（200g）
- カット野菜（細切り根菜ミックス）〈にんじん、ごぼう〉 …… 1袋（100g）
- 卵 …… 1個
- A
  - 砂糖 …… 大さじ½
  - しょうゆ …… 小さじ2
- 湯 …… ½カップ（100mℓ）
- あたたかいごはん …… 150g（茶わん1杯分）

作り方

1. **蒸し煮**　中火7〜8分　フライパンにカット野菜、湯½カップ（100mℓ）を入れて中火にかけ、ふたをして7〜8分煮る。
2. **加える**　ごぼうがやわらかくなったら、さばを缶汁ごと加える。
3. 中火2〜3分　Aを加え、さばを大きくくずしてときどきまぜ、2〜3分煮て味をなじませる。
4. **仕上る**　割りほぐした卵を回し入れてふたをし、好みのかげんに火を通す。器に盛ったごはんにのせる。

料理POINT
さばを缶汁ごと使うと、だしが入らなくても風味豊かに。

刺し身のづけのっけ丼

好みの刺し身をしょうゆに
からめるだけのごちそう丼

5分 | 1人分 334kcal

材料（1人分）

- 刺し身盛り合わせ……1人分
  （写真はまぐろ3切れ、たい、いか各2切れ）
- しょうゆ……大さじ1
- おろしわさび……少々
- あたたかいごはん……150g（茶わん1杯分）

作り方

① **からめる** 刺し身はパックからボウルに移し、しょうゆをかけてよくからめる。

② **水きり** パックにいっしょに入っているつまの大根や海藻はざるに入れ、流水でさっと洗い、水けをよくきる。

③ **盛りつけ** 器にごはんを盛り、②を敷いて①の刺し身をのせ、わさびを添える。

POINT

しょうゆをからめたら数分おくこと

刺し身にしょうゆをからめ、2～3分おいてなじませる。しょうゆ風味は、ごはんによく合う。

料理POINT

彩りやバランスを考えて盛りつけると、お店のようなぜいたく気分に。

さつまいもときのこのリゾット

バターで炒めて牛乳でやさしく煮る
イタリア風の雑炊

15分　1人分 751 kcal

材料（1人分）

ごはん	150g（茶わん1杯分）	牛乳	¾カップ（150mℓ）
さつまいも	150g	塩、こしょう	各少々
しいたけ	2個	バター	大さじ1
ベーコン	2枚		

作り方

① **切る**
さつまいもは皮つきのまま5㎜厚さのいちょう切り→137ページにする。しいたけは石づきを切り落とし→140ページ、半分に切ってから5㎜厚さに切る。ベーコンは1㎝幅に切る。

② **炒める**　中火5分
フライパンを中火にかけてバターをとかし、①のさつまいも、しいたけ、ベーコンを炒める。

③ 中火2分
さつまいもがやわらかくなったら、ごはんを加えてほぐしながら炒め合わせる。

④ **味つけ**
牛乳を加え、まぜながらひと煮立ちさせ、塩、こしょうで味をととのえる。

POINT

牛乳を加えたら煮立てすぎない

牛乳を煮立たせると分離の原因になる。大きくまぜながら煮て、煮立ち始めたら火を止める。

料理POINT

あたたかいごはんを使うと調理しやすい。

チキンの豆乳リゾット

淡泊な鶏胸肉も
牛乳のコクで食べやすく

15分 1人分 328kcal

材料（1人分）

- ごはん……100g（茶わん⅔杯分）
- 鶏胸肉（皮なし）……小½枚（75g）
- ブロッコリー……⅕個（50g）
- 豆乳（成分無調整）……⅖カップ（80mℓ）
- 塩、こしょう……各少々
- オリーブ油……小さじ1
- 湯……¼カップ（50mℓ）

作り方

① **切る** 鶏肉は7〜8㎜厚さのひと口大→141ページのそぎ切り→137ページにする。ブロッコリーは小房に分ける→84ページ。

② **炒める** 中火5分 フライパンにオリーブ油を中火で熱し、①の鶏肉、ブロッコリーを炒める。肉の色が変わったら湯を注ぎ、汁けがなくなるまで煮る。

③ **加える** ごはんを加え、豆乳を3回に分けて加え、まぜながらごはんに水分を吸わせ、塩、こしょうで調味する。

料理POINT
豆乳は一度に加えると煮詰まりにくく、ごはんに火が通りすぎるので、分けて加えて。

キムチと豚肉の雑炊

野菜と肉もしっかり食べられる！

ピリ辛で体もほかほかに

10分　1人分 553kcal

材料（1人分）

ごはん	150g（茶わん1杯分）	固形スープ	½個
豚こまぎれ肉	100g	しょうゆ	大さじ½
白菜キムチ	100g	ごま油	大さじ½
万能ねぎ	⅕束（20g）	湯	2カップ（400mℓ）

作り方

1. **炒める**（中火3分）
キムチは刻む。なべを中火にかけ、ごま油をひいて熱し、豚肉を炒める。肉の色がほぼ変わったら、キムチを加えてよく炒め合わせる。

2. **煮る**（中火）
湯と固形スープをくずして加え、煮立ったらアクをすくいとる。

3. **煮る**（中火3分）
しょうゆ、ごはんを加えて2～3分煮る。ごはんがほぐれてやわらかくなったら、2cm長さに切った万能ねぎを加えてひと煮する。

POINT

完全に火が通る前の肉にキムチをからめる

豚肉に生っぽい部分が残っているうちにキムチと炒め合わせると、肉にキムチの味がよくなじむ。

料理POINT

あたたかいごはんを使うと、ふっくらと仕上がります。

chapter 6

すぐ食べたい！

おすすめ朝ごはん11

ツナオムレツ

&レタスサラダ

やさしい味の卵をツナでボリュームアップ。

パンやパスタのおかずにも

10分　1人分 527 kcal

ツナオムレツ　466kcal

材料（1人分）

ツナ（オイルづけ・ソリッド）……小1缶（70g）
卵……2個
塩、こしょう……各少々
バター……大さじ1
トマトケチャップ……適量

レタスサラダ　61kcal

材料（1人分）

レタス……2枚（50g）
クレソン……3本
ドレッシング（市販）……大さじ1

作り方

1. レタスは食べやすく切る。クレソンは葉をつみ、水けをよくきる。
2. オムレツに添え、ドレッシングをかける。

ふんわり仕上げるために
卵はまぜすぎない

①

合わせる

ボウルに卵を割り入れ、菜箸で白身と黄身がほぼまざる程度にときほぐし、塩、こしょうを加える。ツナは缶汁をきって大きめにほぐし、卵液に加えてさっくりとまぜ合わせる。

バターを焦がさない
ように注意して

中火

②

流し入れる

フライパンを中火にかけてバターを入れ、半分とけたら①の卵液を流し入れる。

パラパラにならない
よう大きくまぜる

中火2分

③

まぜる

全体を手早く大きく2～3回まぜる。

中火1分

④

寄せる

卵の下面が固まってきたら、やわらかいうちにフライパンの向こう側に寄せる。

中火30秒

⑤

ととのえる

オムレツ形にととのえ、下面に焼き色がついたら、上下を返してこんがりと焼く。器に盛り、ケチャップをかける。

料理 POINT

フライパンを動かして火のあたりを調節すると、むらなく焼けます。

簡単
のっけごはん

冷蔵庫や食品棚に常備している食材だけで、さらに火を使わないから、簡単＆スピーディーに作れます。具をのせたら、食べるときに全体をまぜて、塩、しょうゆなどで味の調整を。

白いごはんにのっけるだけ！

※126〜127ページのエネルギー量は
ごはん150g（茶わん1杯分）で計算しています。

塩こぶのうまみでおいしさアップ

卵のっけごはん

材料（1人分）と作り方

① 茶わんにあたたかいごはん150〜200gを盛る。

② 卵1個、塩こぶ大さじ1、万能ねぎの小口切り→137ページ 大さじ2、削り節少々をのせる。

1人分 345 kcal

しば漬けの塩けがアクセントに

納豆のっけごはん

材料（1人分）と作り方

① 貝割れ菜¼パックは根元を切り落とす。

② 茶わんにあたたかいごはん150〜200gを盛る。

③ 納豆1パック（40g）、しば漬け20g、①の貝割れ菜、大根おろし50gをのせる。

1人分 349 kcal

ツナマヨに明太の辛みがきいて

ツナ明太のっけごはん

材料（1人分）と作り方

① ツナ缶小1缶（70g）は缶汁をきる。からし明太子30gはひと口大 → 141ページ に切る。玉ねぎ20gはあらみじんに切る。

② 茶わんにあたたかいごはん150～200gを盛る。

③ ①のツナ、明太子、玉ねぎをのせ、マヨネーズ大さじ1を添える。

1人分 524 kcal

三つ葉ですがすがしい香りをプラス

豆腐のっけごはん

材料（1人分）と作り方

① 三つ葉3～4本はあらく刻む。

② 茶わんにあたたかいごはん150～200gを盛る。

③ ①の三つ葉をのせ、木綿豆腐100gをちぎってのせ、ねり梅小さじ2、みそ小さじ1を添える。

1人分 350 kcal

リゾット感覚で楽しんで

パストラミのっけごはん

材料（1人分）と作り方

① 玉ねぎ20gは薄切りにし、トマト¼個（50g）は1cm角に切る。

② 茶わんにあたたかいごはん150～200gを盛る。

③ ①の玉ねぎ、パストラミビーフ30g、カットトマト缶50g、①のトマト、サラダ用細切りチーズ15gをのせる。

1人分 378 kcal

わかめとじゃこの卵雑炊

体調がちょっと
すぐれない日にも食べやすい

10分　1人分 382kcal

材料（1人分）

ごはん	150g（茶わん1杯分）
ちりめんじゃこ	5g
カットわかめ（乾燥）	2g
卵	1個
しょうゆ	小さじ1
塩、こしょう	各少々
ごま油	小さじ1
湯	1¼カップ（250mℓ）

作り方

① **もどす**
わかめは表示どおりに水でもどし、水けをきる。

② **炒める**
弱火3分
なべにごま油、じゃこを入れて弱火で炒め、こんがりとしたら湯を加える。

③ **仕上げる**
中火2～3分
煮立ったら、ごはん、①のわかめを加える。再び煮立ったら中火にして2～3分煮、ごはんがふっくらしたら、しょうゆ、塩、こしょうで調味る。卵を割りほぐして流し入れ、ふんわりと火を通す。

POINT

**じゃこを炒めて
香ばしさを引き出す**

じゃこはごま油で炒めると香ばしい風味が出て、あとを引くおいしさに。

料理POINT
じゃこを使うので、だしは入れなくてもOK。

納豆ねぎチーズトースト

納豆やのりの和食材も
チーズを散らせばパンによく合う

10分　1人分 324kcal

材料（1人分）

食パン（6枚切り）	1枚
納豆	1パック（40g）
ねぎ	5cm
カットトマト缶	50g
焼きのり（全形）	¼枚
ピザ用チーズ	20g

作り方

1. **下ごしらえ**　ねぎは小口切り→137ページにする。のりは小さくちぎる。
2. **トマトをぬる**　パンにトマトをぬり広げる。
3. **具をのせる**　納豆、①のねぎ、のりを順に広げるようにしてのせ、チーズを全体に散らす。
4. **焼く**　オーブントースターでチーズがとけてこんがりとするまで5〜7分焼く。

料理POINT

火通りの心配のない具材ばかりですが、チーズがこんがりしたほうがおいしいので、焼け具合のチェックは忘れずに。

ピザトースト

ドライハーブを振って
香りのよい本格味に

10分　1人分 466kcal

ドライサラミ
ハムやベーコンなどをカットして使ってもよい。

ミックスハーブ
ミックスでなくても、ドライパセリやドライバジルでもOK。

材料（1人分）

食パン（4枚切り）	1枚
ドライサラミの薄切り	8枚
玉ねぎ	20g
ピーマン	½個
カットトマト缶	50g
ピザ用チーズ	20g
ミックスハーブ	小さじ¼
オリーブ油	小さじ1

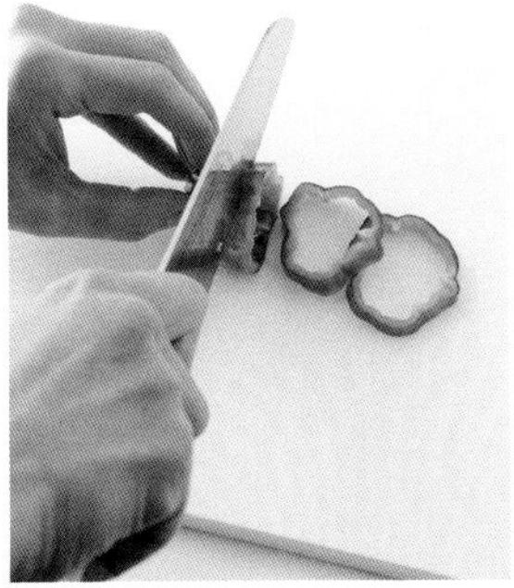

①

切る

玉ねぎは薄切りにし、ピーマンは2㎜幅の輪切りにする。

②

トマトをぬる

パンにトマトをぬり広げる。

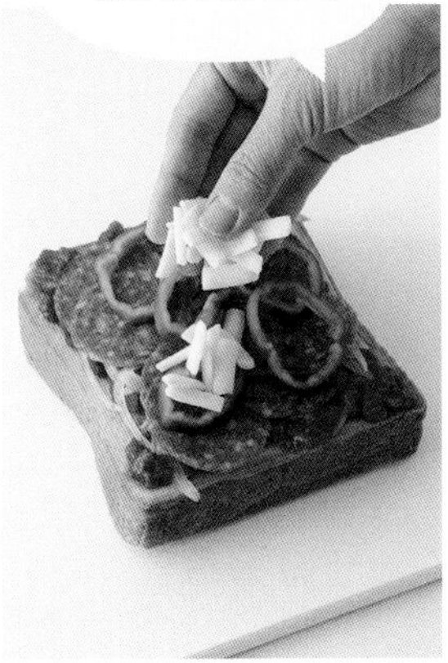

③

具をのせる

①の玉ねぎ、サラミ、ピーマンを順にのせ、チーズを全体に散らす。

④

ハーブを散らす

ハーブを全体に振り、オリーブ油を回しかける。

⑤

焼く

オーブントースターでチーズがとけてこんがりとするまで5～7分焼く。

料理
POINT

ピザ用ソースがなくても、カットトマト缶を使えばおいしく作れます。
焼き時間はチーズのとけ具合で調節してください。

フレンチトースト

しっとり甘い人気のメニュー。
休日のブランチにうってつけ！

15分 1人分 466kcal

バゲット
3～4㎝厚さに切る。

材料MEMO

メープルシロップ

サトウカエデの樹液を煮詰めて作るシロップ。独特の風味があり、口あたりがまろやか。ホットケーキやパンケーキのシロップにもおすすめ。

材料（1人分）

- バゲット（フランスパン）……60g
- 卵……1個
- 牛乳……½カップ（100㎖）
- バター……大さじ1
- メープルシロップ、はちみつなど……適量

①

ときほぐす

ボウルに卵を割り入れ、よくときほぐす。

②

牛乳を加える

牛乳を加えてよくまぜる。

③

しみ込ませる

バゲットをつけて7～8分おく。途中で上下を返し、全体に液をしみ込ませる。

④

バターをとかす

フライパンを中火にかけてバターをとかす。焦がさないように注意して。

中火5～6分

⑤

焼く

③のバゲットを切り口を下にして並べ入れ、両面をこんがりと焼く。中まで熱々になったら器に盛り、メープルシロップ、はちみつなどを添える。

料理POINT　様子を見て、焦げそうなら火を弱くしてこんがりと焼き上げて。

トマトスクランブルエッグ

煮詰めたトマトのコクで
ワンランク上のおいしさに

15分　1人分 410kcal

トマトスクランブルエッグ

226kcal

材料（1人分）

- カットトマト缶……100g
- 卵……2個
- 塩、こしょう……各少々
- オリーブ油……大さじ½
- ハーブミックス……少々

作り方

1. **煮詰める**（中火7〜10分）　フライパンにトマトを入れ、中火にかける。まぜながら、汁けがほとんどなくなるまで煮詰める。
2. **煮る**（中火1分）　オリーブ油、塩、こしょうを加え、卵を割りほぐして流し入れ、まぜながら半熟状になるまで火を通す。
3. **盛る**　器に盛り、ハーブミックスを振る。

POINT

トマトの汁けがとんだら卵を加える

トマトは煮詰めると、うまみが凝縮し、おいしさがアップ。しっかり汁けをとばしてから、卵を流し入れる。

料理POINT

卵を流し入れたらフライパン全面を使って大きく、手早くまぜてふんわりと仕上げる。

フルーツヨーグルト　85kcal

プレーンヨーグルト100mℓに冷凍ラズベリー50gを冷凍のまま加える。

ロールパン　95kcal

ベビーリーフ　4kcal

ひとり暮らしごはんの基本：06

だしのこと、落としぶたの作り方

だし・スープのもとを知る

和風だし

かつお風味や煮干し風味、また顆粒タイプやパック入りなど、商品は豊富。使いすぎると味がくどくなるので、説明書きを確認すること。

顆粒や液体タイプは熱湯に加えて煮とかし、パック入りは煮出して使う。塩分が添加されているものもあるので、味をみてから調味料をかげんして加えること。

洋風スープのもと

固形スープは四角いかたまりで、濃厚なうまみが特徴。顆粒タイプはくせのないあっさり味。料理に合わせて使い分けるとよい。

固形スープはかたまりのままではとけにくいので、やわらかければ指でもみほぐし、かたい場合は包丁で削ってから加える。

中華スープのもと

顆粒の鶏ガラスープが主で、豚骨や牛肉エキスを主材料にした商品も。塩分が添加されているので、味をみてからかげんして加えること。

落としぶたの作り方

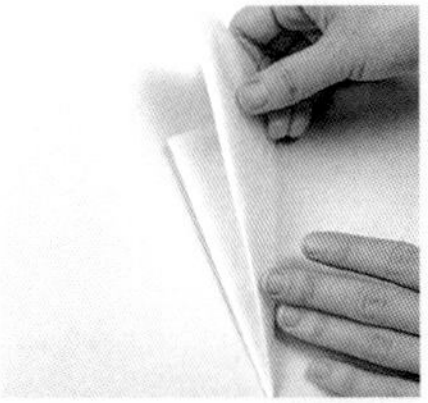

1 三角形に折る

オーブンシートをなべの直径に合わせて四角く切り、縦横に4つに折り、さらに中心になる角を支点にして三角形に折る。

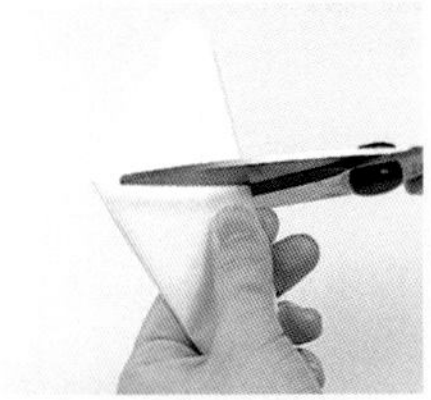

2 丸く切り落とす

周囲をなべの内径に合わせて丸く切り落とす。切りすぎて小さくならないように注意する。

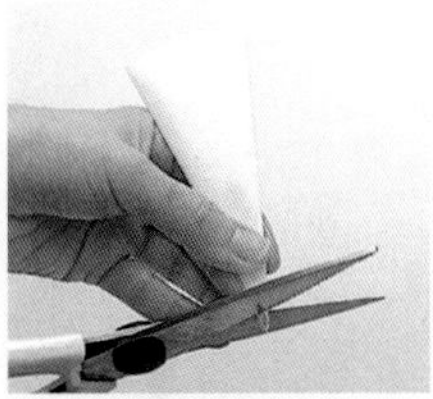

3 先端を切り落とす

とがった先端を少し切り落として空気穴をあける。広げると思いのほか大きくなるので、2～3㎜程度にカット。

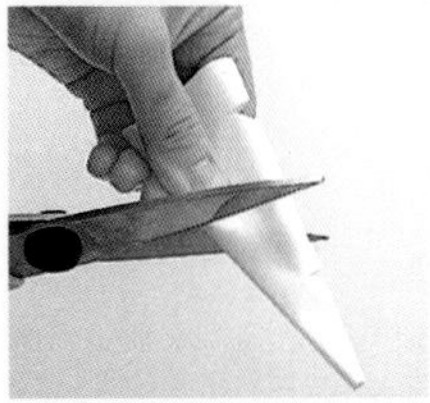

4 切り込みを入れる

片方の辺に間隔をあけて、2カ所に小さい三角形の切り込みを入れる。もう片方の辺は反対側の切り込みの中心あたりに1カ所、同様の切り込みを入れる。

5 大きく広げる

オーブンシートを破かないように大きく広げると、空気穴が均等にあいた落としぶたになる。アルミホイルでも同様に作るとよい。

包丁の使い方、野菜の切り方

包丁の使い方

各部位の名称

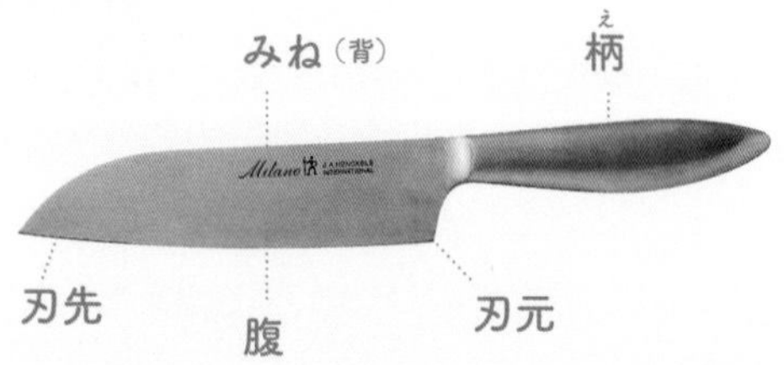

刃先で切り目を入れる、腹を使ってつぶす、刃元で芽をえぐりとるなど、使う部位によっていろいろな作業ができる。名称を覚えておくと、レシピを読んだときスムーズに作業できる。

持ち方

手のひら全体で柄をしっかり握る

包丁の柄を手のひら全体でしっかり握る。親指を柄のつけ根に当て、人さし指を「みね」に少しのせるようにしてみて。人さし指をまっすぐにして「みね」にのせてもOK。

切り方

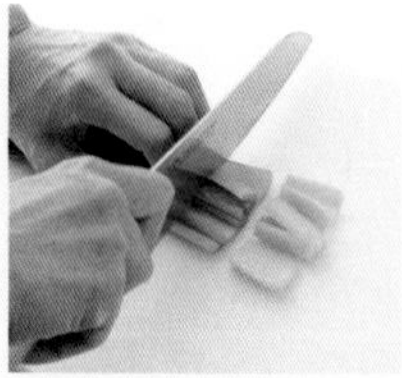

材料を片方の手で押さえ、刃をすべらせるように

包丁を持たないほうの手を材料にのせ、指先を引っ込めるように軽く曲げ、指の関節で刃を支えるようにして切る。材料の上から刃を押さえつけず、斜め前方にすっとすべらせるようにすると、力まずに切れる。

野菜の切り方

ねぎのみじん切り

先に斜めの切り込みを

ねぎの⅓くらいの深さまでこまかい斜めの切り込みを入れ、上下を返して同様に斜めの切り込みを入れ、端から薄く刻むと、最後までバラバラにならない。

しょうがのみじん切り

せん切りにしてから切る

皮をむいて繊維と平行にごく薄く切り、少しずつずらして重ね、繊維に沿ってできるだけ細いせん切りに。ひとまとめにして横向きにおき、さらに端からこまかく刻む。

せん切り

線状にごく細長く切る

材料を料理に合う長さに切り、太いものや厚いものは縦に薄切りにし、少しずつずらして重ね、繊維に沿って細く切る。葉野菜は2〜3枚重ねて端から切って。

細切り

せん切りよりやや太めに

せん切りよりもやや太めの、マッチ棒大。料理に合う長さに切り、太さや厚みのあるものは縦に薄切りにし、少しずつずらして重ね、繊維に沿って端から2〜3㎜幅に切る。

斜め切り

細長い野菜を端から斜めに

ねぎ、にんじん、ごぼうなど、細長い野菜を斜めに切る。厚さは料理に合わせて。野菜が太い場合は、縦半分に切ってから斜め切りにしてもよい。

輪切り

切り口が丸くなる材料に

大根、にんじんなど、切り口が丸い材料を端から直角に、一定の厚さで切る。煮ものなどは厚めに、炒めものなどは火の通りをよくするため薄く切るのが基本。

半月切り

輪切りの半分の、半円状

切り口が丸くなる材料を、輪切りの半分の大きさの半円形に切る。材料を一度縦半分に切ってから、切り口を下にして、端から一定の厚さで切る。

いちょう切り

輪切りの¼サイズに切る

半月切りのさらに半分の大きさで、いちょうの葉のような形にする切り方。大根など筒状の材料を縦半分に切り、さらに２等分し、端から一定の厚さで切る。

拍子木切り

拍子木のような四角柱に

大根やにんじん、じゃがいもなどを拍子木のような形に切る。まず材料を４～５cm長さに切り、1cm厚さの板状に切ってから縦に1cm幅に切る。

角切り

さいころ状に切りそろえて

根菜やいも、肉、豆腐などをさいころ状に切る。まず四角い棒状に切ってから、幅と同じ長さに切ると、形や大きさがきれいにそろう。

短冊切り

長方形の薄切りにカット

名前のとおり、七夕の短冊のような形に切る。まず４～５cm長さ・1cm厚さくらいの長方形に切り、さらに繊維に沿って厚みを薄く切る。

乱切り

形は不規則でも同じ大きさに

不規則な形に切る切り方だが、火の通りを均一にするため、大きさをほぼそろえるのがコツ。にんじんなど、棒状のものは手前に回しながら切ると、上手に切れる。

くし形切り

丸い野菜を縦に等分に切る

玉ねぎやトマトなど球状の野菜を縦半分に切り、中心に向かって等分になるよう、放射状に切る切り方。形がくし（櫛）に似ているところから、この名前に。

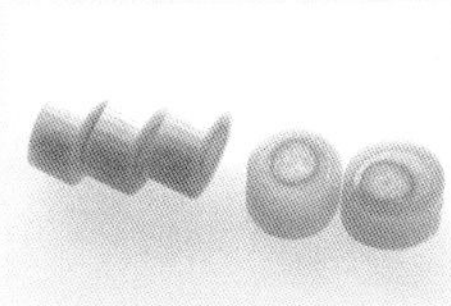

小口切り

細長い野菜を端からカット

ねぎやごぼうなど、細長い野菜の厚みをそろえて端からカット。厚さは調理に合わせて。大根などの太さがある野菜は、同様に切っても「小口切り」とはいわない。

そぎ切り

厚みをそぐように切る

しいたけや白菜の根元、鶏肉や魚など、厚みがある材料を、厚さをそぐように切る切り方。包丁の刃をねかせて、手間に引くように斜めに刃を入れてすっと切る。

食材の正しい保存テク

常温でOK！

米

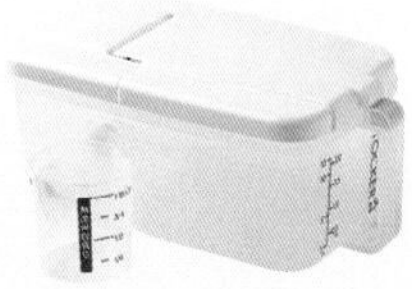

米はライスストッカーで
保存するのがベスト。

袋から密閉容器に移して
涼しいところで保存

米は袋のまま保存せず、必ず密閉容器などに移して、酸化を防ぐように。また、涼しくて湿気が少ない場所が好ましく、害虫の発生も防げるため、冷蔵庫での保存がおすすめ。

じゃがいも・玉ねぎ・にんにく

紙袋などに入れて口をとじ、
風通しのいい冷暗所へ

じゃがいも、玉ねぎ、にんにくなどは冷蔵庫には入れず、風通しのよい場所へ。紙などで包み、直射日光を避ける。

調味料

未開封のもの、油、酢、
だしのもとなどは常温で

未開封の調味料、油、酢、だしのもとなどは常温、それ以外は開封したら冷蔵庫へ。種類によるので、表示を確認して。

乾物

開封したら、きっちりと
口をとじること

カットわかめ、のり、ごま、削り節、乾めんなども常温でOK。開封後は湿気を防ぐため、しっかり口をとじること。

冷蔵庫でOK！

乳製品・卵

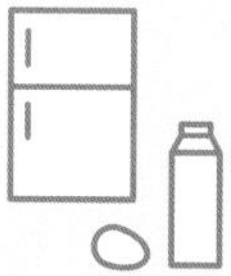

傷みやすい食材なので
必ず冷蔵庫に

牛乳やヨーグルトなど乳製品は傷みやすく、買い物後は冷蔵庫に。出しっぱなしは厳禁。卵も冷蔵庫での保存が安心。生で食べる場合は新鮮なうちに。

買ってすぐ使う
肉・魚・野菜

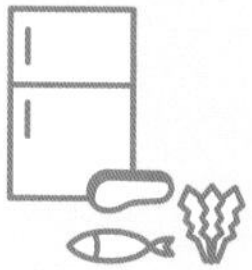

帰宅後すぐに冷蔵庫に
入れて品質キープ

買い物後、肉、魚、野菜などは基本的に冷蔵庫に入れて保存。肉や魚は、あればチルド室へ、野菜は野菜室に入れると、より食材に合った環境で保存できる。

冷凍庫を活用！

肉・魚

保存目安	2～3週間
解凍のしかた	冷蔵庫で自然解凍または電子レンジで解凍

1パック分を一度に使いきれないことも多い、肉や魚。肉は食べやすく切り、使いやすい分量に小分けして、魚は切り身なら1枚ずつラップで包んで冷凍すれば、使うときにも便利。

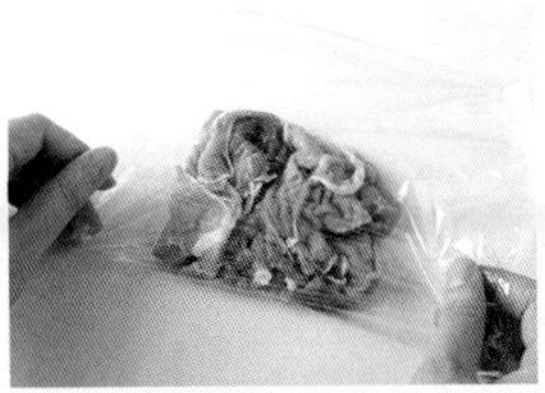

① 空気を入れずにぴったり包んで

使いやすい分量に小分けし、ラップになるべく平らになるようにのせ、空気が入らないように包む。

② 小分けしたものをさらに保存袋へ

小分けしたものを冷凍用保存袋に入れ、空気をできるだけ抜いて口をしっかりとじる。

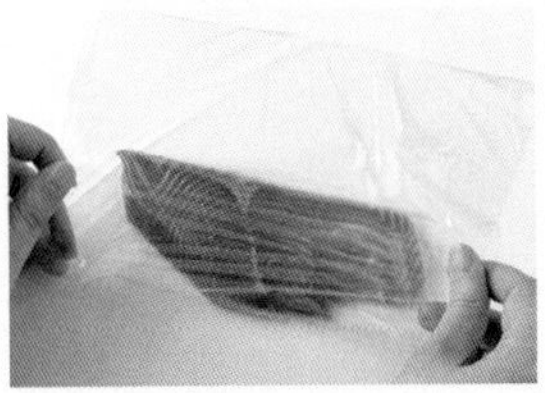

魚の切り身も1切れずつ包んでから

水けをキッチンペーパーでふきとり、1切れずつラップで包む。さらに冷凍用保存袋に入れる。

ごはん

保存目安	1～2カ月
解凍のしかた	電子レンジで解凍

あたたかいうちにラップで包むと、パサつきを防ぎ、ふっくらと解凍できる。1食分をできるだけ平らになるようにしてラップで包み、冷凍用保存袋に入れる。おにぎりの形状で保存しても。

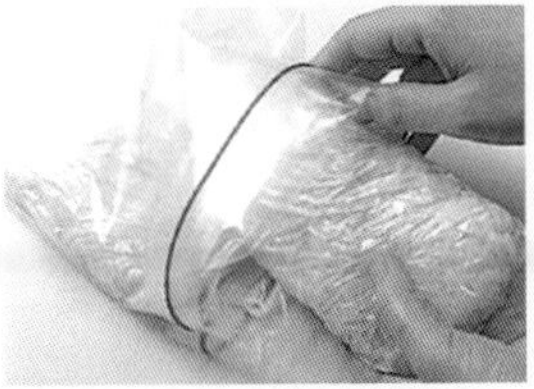

食パン

保存目安	3～4週間
解凍のしかた	凍ったままトースターなどで焼く

冷蔵保存は水分が抜けてパサついてしまうのでNG。1枚ずつラップで包み、冷凍用保存袋に入れて冷凍保存する。食べるときは、凍ったままトースターや焼き網などで焼けばいいので、簡単。

ひとり暮らしごはんの基本：09

マスターしたい！　レシピの用語

水かげん

ひたひた

なべに入れた材料の先が、水面から少し出ている状態。煮くずれしやすい食材、水分の多い食材を煮るときなどに適当な水分量。

かぶるくらい

なべに入れた材料がちょうど隠れるくらいの状態。じっくり味を煮含める煮もの、ゆで卵、豆などの乾物類をゆでたり煮たりするときに適当な水分量。

たっぷり

材料がすっぽり水をかぶり、ゆったり動かせるくらいの状態。長時間煮込む煮もの、アクの出る材料をゆでるときなどに適当な水分量。

あえる

下ごしらえした材料に調味料を加えてまぜ、味をからませること。あらかじめまぜておいた調味料のことを「あえ衣」という。

アクをとる

食材に含まれる苦みやクセのある味を「アク」という。空気にふれると、変色するのもアクのしわざ。また、じゃがいもやれんこん、なすなどを切ったあとに水にさらしたりすることを「アク抜き」という。野菜や肉、魚などをゆでたり煮たりするとき、ゆで汁や煮汁に浮いてくる白や茶色っぽい泡、かたまりもアクで、とり除くことを「アクをとる」という。

味をととのえる

調理の仕上がりに味を確かめ、味がもの足りないときに塩、こしょうなどの調味料を少々加えて補うこと。

油抜き

油揚げや厚揚げ、揚げてあるねり製品を調理する前に、熱湯を回しかけたり、ゆでたりして表面の余分な油を落とすこと。油抜きをすることで、味のしみ込みがよくなる。

アルデンテ

パスタの理想的なゆで上がりの状態をあらわす言葉で、めんの中心に髪の毛の細さほどの芯が残るくらいにゆでた状態。食べきるまでにソースを吸うので、ややかためにゆでるとよい。

石づきをとる

石づきはしいたけやしめじなどのきのこの軸の先端にある、ややかたい部分。汚れがあり、食感も悪いので切り落とす。

落としぶた

煮もののとき、なべよりひと回り小さいサイズで、中の材料に直接のせるふたのこと。少量でも煮汁を全体に行き渡らせ、煮くずれを防ぐ。木製やステンレス製の落としぶたが売られているが、クッキングシートなどで自分で作ることもできる。

好みに

自分の好きな味に調味料や香辛料の量などをかげんすること。表示の量に多少加えたり、控えめにするくらいにし、いきなり量をふやしすぎないこと。

香りを立てる

にんにくやしょうが、ねぎなどの香味野菜や赤とうがらしを炒めて香りを立て、その香りを油に移すこと。これらは焦げやすいので、弱火で炒めるのがコツ。

こんがりと焼く・揚げる

食材の表面に焼き色がつくまで焼くこと。また、揚げものの場合は焦がすのではなく、全体が薄いこげ茶色になるのを目安にする。

ささがき

ごぼうやにんじんなどに用いられる切り方。鉛筆を削るように材料を回しながら、そぐように切る。

下味をつける

食材にあらかじめ味をつけておくこと。加熱後にさらに調味することが多いので、下味は基本的に薄めにする。

室温にもどす

バターをやわらかい状態にして使いたい場合や、肉や魚などを焼くときに冷えていると加熱ムラが出てしまうため、調理前に冷蔵庫から出して室温にしばらくおく。

筋切り

肉の赤身や脂身の境目にある筋を、包

丁で数カ所切ること。焼き縮みやそり返るのを防ぐために行う。鶏肉の場合は、肉と脂肪の間に見える白い筋を切るとよい。

繊維に沿って切る
にんじんなど細長い野菜や玉ねぎなどは縦方向に繊維が走り、その向きに沿って切ると、シャキシャキの食感になる。逆に繊維を断つ方向に切ると、水分が抜けやすいのでやわらかくなる。

背わたをとる
えびの背にある黒い筋（腸管）が背わた。残っているとくさみが出て、見栄えもよくないため、竹ぐしなどでとり除く。背わたがないものはそのまま使う。

しんなりしたら
かたさがなくなり、しなやかになること。野菜を炒めてくたっとした状態や、野菜に塩を振って水分が出た状態をいう。

縦半分に切る
「縦半分」は野菜のへたなどを上、根元を下にしたときに幅を2等分すること。長さを半分に切らないように注意して。一方、「横半分」の場合は長さを2等分する。

なべ肌
フライパンや中華なべの側面のこと。炒めものの仕上げに、よく熱した側面に沿わせてしょうゆやごま油などを加えると、香りが立って風味が増す。

煮からめる
煮ながら煮汁や調味料を食材にからませること。

煮立つ
水や煮汁などの液体を充分に熱し、表面が泡立つくらいに沸騰させること。

煮詰める
煮ながら水分をとばし、煮汁の量を少なくすること。

煮含める
煮ながら食材の中心部まで味をしみ込ませること。

にんにくをつぶす
まないたににんにくをのせて包丁の腹を当て、手のひらのつけ根で包丁を強く押してつぶすこと。

ひと煮立ちさせる
食材や調味料を加えると煮汁の温度が下がる。その煮汁が再びフツフツと煮立った状態になるまで煮ること。

1かけ
しょうが、にんにくなどの分量を示す単位。しょうがは親指の先くらいの大きさが目安。にんにくは大小の差があるが、小片に分けた1かけらのこと。

ひと口大
かみ切ることなく、ひと口で食べられる大きさに切ること。目安は2〜3cm角。

ひと煮する
ほんの短時間、煮立たないくらいの火かげんで煮ること。調理の仕上げなどによく使われる。

回し入れる
調味料やとき卵などを1カ所に入れるのではなく、円を描くように周囲から加えて全体に行き渡らせること。

芽をとる
じゃがいもの場合は、包丁の刃元を芽に深くさし込み、残さないようにえぐりとる。にんにくの場合は、1かけを縦半分に切って根元を切り落とし、包丁の刃元で切りとる。

水にさらす
アクを抜くためや色よく仕上げるために、水や酢水にしばらくつけること。

水にとる
ゆでた野菜やめんを、水を張ったボウルに入れて冷ますこと。長く水につけていると野菜はビタミンがとけ出し、めんはのびてコシがなくなってしまうため、氷水や流水にさらして急冷することも。

蒸し煮
フライパンやなべなどで調理するとき、水分を加えてふたをし、蒸気を利用して食材に火を通すこと。

焼き色をつける
材料の表面に香ばしい焼き色がつくくらいに焼くこと。

余熱で火を通す
加熱調理したあとに火を止め、なべや食材内に残った熱を利用して中まで火を通すこと。熱が逃げないようにふたをしたり、なべをふきんで包んだりすることもある。

INDEX 材料別さくいん

乾物、缶詰、漬け物

ごはん、めん、パン

Satomi Kemmizaki

検見崎聡美

料理研究家・管理栄養士。基本をふまえ、初心者でも手軽においしく作れるレシピには定評がある。また、管理栄養士の立場から、ダイエットはもちろん、生活習慣病の予防や治療、免疫力アップといった健康を考えた食事を提案している。著書に『おいしさのコツが一目でわかる 基本の料理』（成美堂出版）、『親が喜ぶごはんを冷凍で作りましょう』（主婦の友社）、『作りおきできる減塩おかず』（女子栄養大学出版部）ほか多数。

Staff

デザイン　千葉佳子（kasi）
撮影　千葉 充、梅澤 仁、黒澤俊宏
スタイリング　河野亜紀、伊藤みき、ダンノマリコ
イラスト　角 裕美
熱量計算　伏島京子、新 友歩
構成・文　早川徳美、秋山香織
編集協力　川名優花、安念知咲
編集担当　東明高史（主婦の友社）

お料《りょう》理《り》1年《ねん》生《せい》の
ひとり暮《ぐ》らしごはんBOOK

2020年 4月20日　第1刷発行

著　者　検《けん》見《み》崎《ざき》聡《さと》美《み》
発行者　矢崎謙三
発行所　株式会社主婦の友社
〒112-8675　東京都文京区関口1-44-10
電話　（編集）03-5280-7537
（販売）03-5280-7551
印刷所　大日本印刷株式会社

ISBN978-4-07-441840-4

・本書の内容に関するお問い合わせ、また、印刷・製本など製造上の不良がございましたら、主婦の友社（電話03-5280-7537）までご連絡ください。
・主婦の友社が発行する書籍・ムックのご注文は、お近くの書店か主婦の友社コールセンター（電話0120-916-892）まで。
＊お問い合わせ受付時間　月～金（祝日を除く）9：30～17：30
主婦の友社ホームページ　https://shufunotomo.co.jp/

※本書は『ひとり暮らしのラクチンごはん』『これが正解！ひとり暮らしごはんスタートブック』に追加撮影をして再構成したものです。